La buena crianza

Annie de Acevedo

La buena crianza

Pautas y reflexiones sobre cómo criar
con responsabilidad y alegría

verticales de bolsillo familia y crianza

Bogotá, Barcelona, Buenos Aires, Caracas, Guatemala, Lima,
México, Panamá, Quito, San José, San Juan, San Salvador, Santiago

Contenido

Reflexiones para padres

Introducción

La crianza es tan antigua como el hombre. Cada generación ha hecho lo mejor que ha podido y las pautas se han ido transmitiendo de familia en familia. Además, hoy día se ha recopilado mucha información valiosa que permite que les brindemos una mejor educación a nuestros hijos. Criar bien es un arte y una ciencia, pero más que nada debe ser una experiencia maravillosa de aprendizaje tanto para los padres como para los hijos. Éste es el propósito de este libro: que los padres vean que sí es posible criar bien y al mismo tiempo disfrutar del proceso. Espero que tener más información sobre el tema los haga sentir más seguros y por lo tanto amplíe su capacidad para disfrutar de los hijos.

Los hijos son un regalo maravilloso que nos da la vida. Todos los padres queremos que nuestros hijos sean mejores que nosotros, es decir, que sean más felices. Para lograr esto, hay que tener una actitud positiva frente a nuestro papel como padres. Saber que se van a cometer errores es parte de esa actitud, y también es importante confiar en nosotros mismos. Nuestras expectativas deben ser realistas y no pretender ser perfectos ni tener hijos perfectos.

Disfrutar de la experiencia de ser padres debe ser nuestro gran objetivo a la hora de criar. Ojalá este libro los acompañe y los ayude a sentirse más fortalecidos como padres, para que puedan gozarse esta experiencia única e irrepetible.

De los errores se aprende

He querido escribir esto para ayudar a los padres a entender su papel en la formación de los hijos. Los padres cargamos mucho peso en la crianza y nos responsabilizamos de todo lo que pase. ¡Lo bueno que pase es mérito nuestro y lo malo es culpa nuestra! Y resulta que la fórmula no es tan sencilla. Existen otras variables que hay que tomar en cuenta, como son la personalidad del hijo, la genética, las circunstancias, el otro padre, etc. Los éxitos de un hijo a nivel escolar no se deben necesariamente a los hábitos que les enseñamos sino a su brillantez intelectual. Ahí la responsable es la genética. Así pasa muchas veces, pero nosotros como padres cargamos con todo. Eso nos agota y además no nos permite disfrutar cada etapa y vivir cada momento de manera intensa.

El hecho de criar hijos nos debe proyectar hacia el futuro. El pasado quedó atrás. Debemos aprender de él pero sin llenarnos de culpa. Hicimos lo mejor que pudimos en ese momento, pero ahora ya es otro momento, en el cual ya sabemos y conocemos otras cosas. No todo lo malo es culpa nuestra.

La gran mayoría de los padres tratamos de hacer y de dar lo mejor, pero no siempre resulta como queremos. La materia prima, es decir, la genética, es fundamental. Siempre habrá un hijo difícil que, sin importar lo que se haga, tendrá dificultades. Sin embargo, es importante hacer reflexiones frecuentes sobre nosotros como individuos y sobre la manera como estamos interactuando con nuestros hijos. Es bueno mirarse por dentro, ver qué se podría hacer diferente y ver si se está haciendo bien. Hay que ser un observador agudo y permitirse mirar los errores, pero siempre dentro de un marco positivo. Los errores son la única manera de aprender y en la crianza siempre habrá errores, pues no existen padres perfectos ni hijos perfectos. Nuestra meta siempre debe ir orientada a traer alegría a nuestros hogares, formando y guiando sin excesos de ninguna clase.

Nuestra historia como hijos

La manera como fuimos criados tiene un impacto duradero en nuestra vida. Afecta la manera como criamos a nuestros hijos. Todo aquello que vivimos en nuestra niñez quedó grabado en nuestro inconsciente. A la hora de ser padres nos encontramos con esa realidad. Nuestro patrón, el modelo a imitar, está ya ahí programado. Si nuestros padres fueron estrictos, lo más seguro es que nosotros también lo seamos. Vamos a decir y a hacer muchas cosas parecidas a ellos. Eso sí, tenemos que ver qué cosas nos sirvieron, qué queremos repetir y qué nos hizo daño.

Preguntarnos esto nos va a hacer mejores personas. Para saber quiénes somos, hay que saber de dónde venimos. Muchas veces encontramos que queremos hacer lo opuesto a lo que hicieron con nosotros. No importa; lo importante es reflexionar sobre nuestra historia. Todos tenemos una historia de crianza que es parte entrañable nuestra. Ojalá la conozcamos y la controlemos, pues de lo contrario ella nos puede hacer cometer más errores de lo necesario.

Hacer entonces un análisis de nuestra historia familiar es prioritario. Tratar de identificar qué motivó a nuestros padres a educarnos como lo hicieron vale la pena. Hay mucho en nuestro pasado que nos sirve de ejemplo o como punto de referencia. ¡Usémoslo de manera constructiva!

Los padres también cambiamos y nos desarrollamos en el proceso de criar

Los primeros años de vida de un niño le afectan mucho a él, pero también tienen efectos duraderos en nosotros. Si uno mira hacia atrás, se da cuenta de que era otra persona antes de tener hijos. Los hijos también forman a los padres. Es un camino de doble vía. Nos vamos modelando y cada uno le enseña algo al otro. A medida que su hijo crece y se desarrolla, usted también crece. Es tan fascinante este cambio que cada hijo en una familia numerosa tuvo o tiene una mamá y un papá diferentes. Uno no es el mismo con cada hijo tampoco. Esto depende de la personalidad y del momento de la vida del hijo. Con el bebé hay que ser de una manera y con el adolescente, de otra. Pero siempre existe un común denominador: el vínculo con el cual nos conectamos a nuestros hijos. También está el factor edad de los padres. Los padres muy jóvenes son menos protectores, más ingenuos y más dispuestos a tomar riesgos. Los padres mayores tienden a ser más temerosos y protectores.

A pesar de estas diferencias, podemos hablar de tres etapas muy definidas en el desarrollo de los padres. En primera instancia, está la etapa del protector, que procura sobre todo proteger al hijo de los peligros del mundo. Esto empieza desde el nacimiento y sigue hasta aproximadamente los 8 años. Aquí nuestra función como padres es apaciguar miedos, enseñarle las cosas básicas y darle mucha supervisión. Durante estos años, el niño necesita mucho de la protección de sus padres para entender cómo son los juegos de la vida.

Sin esta supervisión y esta guía, los hijos no podrían salir adelante en la siguiente etapa.

La segunda etapa va de los 8 a los 12 años. Aquí el niño sale más de su casa y se mueve hacia el mundo externo. Sus amigos empiezan a tener una influencia importante y los niños buscan hacerse amigos de sus padres. Esta etapa se caracteriza por la camaradería que se desarrolla entre padres e hijos. Los papás juegan con los niños que ya han crecido y son capaces de interactuar en el juego. Aquí la supervisión ya no es tan importante como la camaradería y la compañía.

Más tarde hay que adaptarse a la adolescencia, donde lo que prima ya no es la supervisión ni la recreación sino la compañía. Los adolescentes necesitan una presencia que les ayude a entender el mundo y a desarrollar criterios propios. Necesitan una guía clara, pero no tan cercana como cuando eran más pequeños.

En realidad, el hecho de ser padres nos obliga a crecer mucho y de hecho lo hacemos. ¡Ojalá seamos también capaces de disfrutarlo!

Cómo duele que crezcan

A medida que crecen los hijos, crecemos nosotros también pero perdemos. Nos vamos quedando con el nido vacío. Ellos nos van necesitando cada vez menos. Así es y así tiene que ser. Sin embargo, a nivel emocional, esto no es fácil de aceptar. Por eso nos quedamos en ciertas etapas, protegiendo y ayudando más de lo necesario. Se nos olvida que nuestros hijos ya están en otro momento. Por algo dicen que "ante los ojos de los padres siempre seremos niños".

No obstante, esto no es excusa para infantilizar a nuestros niños. Es bueno saber que hay pequeños duelos en el crecimiento de los hijos. Cuando desaparece el bebé, nos sentimos tristes y echamos de menos la proximidad física. Luego, nuestro niño se va para el preescolar y no pasa todo el día en la casa. Se siente el vacío. Más adelante, van al colegio grande, donde los perdemos aún más. Hay que reorganizarse alrededor de estos cambios. Muchas veces ni siquiera nos damos cuenta y seguimos ayudándoles a comer o a vestirse cuando ya pueden hacerlo por sí solos.

Reconocer el cambio y estar listos es importante. La entrada a la adolescencia es durísima para el joven y para sus papás. Desaparece totalmente el niño y aparece alguien que no reconocemos y que nos asusta. Finalmente, viene el duelo de salir del colegio y posiblemente irse de la casa.

Dejar ir a un hijo, permitirle pasar de una etapa a otra es muy difícil a nivel emocional, pero es un acto de "amor bueno". Los buenos padres lo entendemos así, pero desde luego duele mucho.

Por otro lado, es muy satisfactorio ver cómo nuestros hijos se van convirtiendo en individuos responsables e independientes. La sensación de logro que se siente cuando un hijo cumple exitosamente una etapa es inmensa. Ver que la semilla que plantamos crece y se convierte en un fruto maravilloso es una experiencia única. El proceso de la crianza está lleno de matices. Hay que sacarles provecho a todos, y para hacerlo hay que reconocer en qué etapa estamos y vivirla con intensidad.

Hay que cuidarse

Cuando somos padres, no es egoísmo pensar a veces en nosotros mismos. Con frecuencia, la crianza es un trabajo tan absorbente que nos olvidamos de nosotros. Esto hay que cambiarlo. Si somos adultos felices, tendremos niños felices. Es bueno trabajarle a nuestra felicidad. Hay que buscar espacios y cosas que sean muy placenteras para cada uno. La felicidad se busca en todos los planos. En el físico, debemos estar a gusto con nuestro cuerpo. Allí la gimnasia y el deporte son esenciales. Sacar tiempo para estas actividades es tan importante como el tiempo que se les da a los niños. Comer bien, hacer yoga y dormir bien contribuyen al bienestar físico. Cuando los niños están pequeños, exigen actividad física constante. Para poder cumplir con ellos, hay que estar en buen estado físico. También se sabe hoy día que el movimiento es lo que produce más serotonina y endorfinas, neurotransmisores que nos permiten tener un mejor estado anímico.

Hay que buscar actividades placenteras que podamos alternar con las obligaciones. Ojalá sea posible tener una afición, un "proyecto especial" independiente de la familia. Todo esto revertirá en bienestar para nuestros hijos. Como padres somos multiplicadores de salud mental. Al estar bien, vamos a darles una mejor calidad de afecto y de atención a nuestros hijos. El autocuidado, entonces, es otra forma de cuidar a los hijos.

Esta generación de padres

Esta generación de padres es muy activa. Se informan, buscan ayuda y hacen lo mejor que pueden por sus hijos. Los esfuerzos que hacen son verdaderamente ejemplares. Complacen a sus hijos hasta donde lo permiten sus recursos. Los ayudan y protegen. Quieren que sus hijos sean todo aquello que ellos no pudieron ser. No quieren que sufran ninguno de los tropiezos o carencias que ellos tuvieron de niños.

Al mismo tiempo, esta generación de padres es también insegura y temerosa. Constantemente se cuestiona lo que está haciendo. ¿Será que ésta es la mejor manera? ¿Será que hay otra mejor? Duda todo el tiempo y vive tensa, lo cual afecta a los hijos.

La verdad es que esta generación de hijos no está resultando tan equilibrada como esperábamos. Muchos niños viven sobreprotegidos y no toleran ninguna frustración. Quieren las cosas rápido y si no resultan se desesperan. Son cómodos y la idea de esforzarse les resulta extraña. La falta de estructura y claridad general también los vuelve inseguros. No saben a qué atenerse y se pierden un poco en el proceso de crecer. Se asustan ante las adversidades y por el exceso de sobreprotección; no se sienten con la autonomía y fuerza necesarias para enfrentar los problemas cotidianos.

Esto debe ser motivo de reflexión para los padres y para quienes son responsables de encauzar a esta generación de niños. Primero debemos ser conscientes de que nosotros como padres tenemos ya una historia y un patrón de enseñanza. Somos producto de una crianza y, por lo tanto, hemos sido influenciados por el estilo de nuestros progenitores. Tratar de borrarla sería como negar nuestra propia identidad.

En segundo lugar, confiar en nuestro instinto es primordial, sobre todo en las pequeñas crisis. Hay que confiar también en nuestros hijos, al fin y al cabo son obra nuestra. Lo primero que se nos ocurre hacer generalmente es lo más beneficioso. La acción premeditada, como en el caso de los castigos, no suele ser buena.

Otra variable importante es entender que cada hijo es diferente y que no necesariamente siempre hay buena empatía y comunicación con ellos. La estructura y la organización son otros elementos clave en la educación. Todo niño se beneficia de crecer dentro de una estructura clara. Cada familia tiene sus reglas y si éstas están bien definidas es mejor. Saber qué esperar siempre da seguridad. El niño que crece en medio del caos y la ambigüedad nunca podrá sentirse seguro y tampoco sabrá cómo actuar adecuadamente en situaciones sociales.

Ayude a sus hijos en el proceso de crecer. Que siempre sepan cuáles son las consecuencias de sus actos. Éste es el propósito de la disciplina, que no es más que una guía que les muestra qué es aceptable y qué no. Ser claros y consecuentes debe ser entonces una prioridad, aunque no siempre acertemos.

Nuestros hijos necesitan saber que hay alguien que responde por ellos. No siempre les va a gustar lo que hacemos, pero esto no nos debe inhibir. Los niños necesitan límites claros, aunque a veces los rechacen. Hoy día vemos niños "aparentemente felices", que manejan un poder impresionante. Tienen a sus padres completamente manipulados y hacen lo que quieren. Con los años, veremos que estos niños se convertirán en tiranos incapaces de dar y con una necesidad inmensa de recibir cada vez más. Nuestro deber entonces es poner límites, lo cual traerá para nuestros hijos pequeñas frustraciones. Pero superar estas frustraciones o pequeños sufrimientos los fortalecerá. Este efecto no se ve inmediatamente, pero con el paso del tiempo veremos cómo este aprendizaje inicial los hará más tolerantes y desarrollará en ellos la perseverancia.

Por otra parte, nuestro ejemplo como padres es básico. Nuestros hijos harán lo que vean y no lo que les digamos y menos aún lo que les repitamos siempre en una cantaleta. Lograr un buen equilibrio entre la aprobación, a través de la cual demostramos nuestro afecto incondicional, y el castigo es ideal.

Obviamente, para lograr una buena autoestima, es necesario dar más mensajes positivos de aprobación y menos negativos. La tendencia de casi todos los padres es poner énfasis en lo que los hijos hacen mal. Esto no funciona, sólo sirve cuando hay una mayor proporción de mensajes aprobatorios. Así que recuerde manifestarle a sus hijos aprobación con un beso, un abrazo, una palabra amable o un gesto. Esto a su vez aumentará su autoestima y su confianza en sí mismos.

A manera de resumen, entonces, para ser buen padre es necesario reflexionar primero sobre sus propios procesos psicológicos, conocerse y confiar en usted mismo. Segundo, hay que pasar de la reflexión a la acción, pues las buenas intenciones no son suficientes. Tercero, hay que observar a cada hijo y ver qué le sirve a cada uno. Por último, debe enviarles mensajes claros, pues sólo así tendrá niños fuertes, que podrán enfrentar un futuro incierto y posiblemente más difícil que el que tuvo que enfrentar usted. ¡Deles las herramientas ya!

Criar hoy

Los padres de hoy están preocupados y con razón. Se ven muchos niños que no tienen límites y sí mucho poder, que no se ajustan a los patrones convencionales y, peor aún, que son poco felices. Viven en una búsqueda constante de fronteras y placer. En muchos hogares hoy impera la "permisividad". Debido a múltiples circunstancias, entre las que están el hecho de que ambos padres trabajan y tienen miedo de traumatizar a su hijos, en muchas familias no se están estableciendo vínculos sanos entre padres e hijos. Los padres les permiten a los niños hacer lo humano y lo divino y les conceden tanta atención que los acostumbran a ser siempre los "protagonistas". Desde pequeños, los niños hacen su voluntad, se acuestan a la hora que les provoca, se les compra todo lo que quieren, se les ayuda en todo... Todo por miedo a que se traumaticen.

Los padres encuentran hoy más problemas a la hora de criar porque el mundo es más complejo. Desde pequeños, los niños viven bombardeados por toda clase de estímulos, algunos positivos pero otros muy negativos. El nivel de agresión y violencia al que están expuestos es muy superior al de antes. Esto complica la crianza. Muchos niños hoy contestan feo, actúan agresivamente y, sobre todo, son muy egocéntricos. Tienen grabadas en el inconsciente miles de imágenes de la televisión o el computador, que ni su cerebro ni sus emociones están listos para manejar.

Aquí es donde los padres debemos entrar en acción. Ante tanto estímulo agresivo que amenaza a nuestras familias, debemos volver a la seguridad de los valores tradicionales. Necesitamos tener una estructura clara en nuestro hogar. Rescatar la tranquilidad que ofrecen la organización y las rutinas. Nuestros hijos tienen que tener horarios y ser conscientes de que sus actos tienen consecuencias claras. Tener rutinas le ayuda al niño a ser capaz de predecir lo que viene y, por lo tanto, baja los niveles de angustia y lo tranquiliza. Inicialmente un niño rechaza las rutinas y los límites, pero poco a poco, si se es firme y justo, termina por asimilarlos y agradecerlos. Tener en sus padres a unos buenos guías también les ayuda a no salirse del camino correcto. Es muy asustador para un niño asumir el papel de "guía", cuando en su fuero interno sabe que no está preparado para serlo. Los niños necesitan a un adulto seguro que ilumine el sendero y muestre un camino claro.

Es necesario que los padres crean en sí mismos, que no teman equivocarse y que valoren su sentido común. Los padres deben hacer de su familia un lugar seguro que les dé fuerza a los hijos. La combinación perfecta es el amor y una disciplina adecuada. No hay que caer en ningún extremo. El niño debe aprender a respetar a sus padres, para que así el día de mañana pueda respetarse a sí mismo y a los demás. El amor no se comunica de una manera adecuada sin una disciplina efectiva. La disciplina es mucho más que un acto ocasional, es una filosofía de vida que implica reglas y límites. Decida cuáles son sus prioridades y póngase en la tarea de criar hijos seguros y buenas personas.

Siete herramientas clave para criar hijos sanos

La combinación de estas herramientas proporciona lo que sus hijos necesitan; una sola no surte el efecto deseado.

1. Un buen mensaje de amor, que llegue a través de actos, palabras, gestos o caricias. Asegúrese de que su hijo se sienta amado.

2. Una disciplina efectiva, que no es más que una serie de reglas que ayudan al niño a entender qué es correcto y qué no.
3. Poner límites, saber decir "no" cuando sea necesario.
4. Una comunicación clara, que implica decir y hacer lo que se dice.
5. Averiguar cuál es la causa que motiva el comportamiento inadecuado del niño. Un niño no se porta mal porque sí.
6. Establecer metas a corto plazo; con los hijos nada funciona a largo plazo.
7. Ser paciente y tolerante, pero firme. Esta combinación es la clave del éxito.

El amor, lo único que perdura en la vida de nuestros hijos

Después de muchos años de trabajar con niños y familias, me queda claro que la infancia y la adolescencia nos marcan de una manera única para el resto de la vida. ¿Cómo hacer entonces para dejar un mensaje sólido en estos años, para que nuestros hijos puedan ser felices y personas seguras de sí mismas, con capacidad de dar y recibir afecto?

La respuesta precisamente está en el afecto, en el amor. Pero esto del amor no es nada sencillo. Muchos padres piensan que con querer a los hijos ya todo está solucionado. Nada más lejos de la verdad. ¡Cuántas atrocidades se cometen en nombre del amor! Entonces, ¿cómo tiene que ser este mensaje de amor para que trascienda y dé fuerza emocional? La respuesta es múltiple. Primero que todo el amor de los padres hacia sus hijos tiene que ser incondicional, esto quiere decir que pase lo que pase no va a cambiar... y van a pasar muchas cosas.

Segundo, para el amor tiene que haber tiempo compartido, momentos en los cuales el niño se sienta inmensamente querido e importante para sus padres. Ojalá sea un tiempo individual sin interrupciones, en el cual los padres interactúen con sus hijos, explorando su vida, sus intereses, sus fantasías y sus creencias, y los hijos puedan conocer detalles sobre la vida de sus padres. Esto se llama "vida en familia", momentos inolvidables en los cuales se vive intensamente una experiencia y se comparte. Pueden ser desde actividades sencillas, como juegos o revisar tareas, hasta momentos más profundos. Las vacaciones pueden facilitar algunos de estos momentos, pero ojalá no sean los únicos.

La presencia de los padres es clave para los hijos, pero su objetivo no debe ser únicamente controlar o proteger. Debe ser una presencia positiva que le permita al niño explorar el mundo, cometer errores y tomar decisiones. No hay nada que dañe tanto el mensaje de amor como la crítica y la desaprobación constantes. Los padres debemos estar allí guiando, a veces observando, a veces ordenando o poniendo límites, pero sin enjuiciar constantemente a nuestros hijos. La presencia amorosa que sirve no pone rótulos ni hace comparaciones, sino que acepta al hijo como es y lo ayuda a desarrollar sus talentos y a corregir sus errores.

El amor que perdura es honesto. Alaba sólo cuando el hijo se lo merece. Es consciente de las debilidades de los hijos y busca cómo ayudarles. Es bueno que sea exigente con sus hijos, pero sólo de acuerdo con el potencial de cada uno. No les exija lo que no pueden dar, y tampoco los penalice por no ser como a usted le hubiera gustado que fueran.

Querer a los hijos no es darles todo lo que quieran. El amor sin límites es muy peligroso. Los niños se sienten omnipotentes, se vuelven egoístas y terminan por destruirse a sí mismos en una búsqueda errónea de un principio de placer que no existe. El amor sano pone límites cuando lo cree necesario, acompaña en los momentos difíciles y celebra en los momentos de alegría. El amor bueno le muestra al hijo lo inaceptable de una manera contundente, y nunca acepta las mentiras, el robo, ni la agresión a los demás.

Es igualmente importante que sus hijos sientan su amor. Cuando el mensaje de amor no les llega, es como si no existiera. Tiene que cerciorarse de que sus hijos sepan que los quiere. Cada hijo tiene necesidades afectivas distintas y es su deber como padre averiguar cuál es el camino para que su amor llegue.

Después del amor, todo es secundario en la crianza. Saber que mi papá y/o mi mamá me quisieron de verdad es lo único que deja huella. El amor auténtico de los padres hacia los hijos es irremplazable. Piense en esto a la hora de criar a sus hijos: ¿Cuál es el legado que les quiere dejar y cómo lo está haciendo? A veces, por atender lo "urgente", involuntariamente se nos olvida lo importante.

El amor en la relación entre padres e hijos

El amor que sirve	*El amor que no sirve*
Aprueba	Es permisivo
Acompaña	Es controlador
Pone límites	Es desaprobatorio
Es honesto	Es condicional
Es incondicional	Crea dependencia
No juzga pero sí guía	Maltrata con el abandono

La adversidad y nuestros hijos

Nuestra sociedad vive actualmente una situación de violencia e inseguridad que nos obliga a convivir con la adversidad hoy más que nunca. Esto desde luego deja huellas en nosotros los padres y en consecuencia también en nuestros hijos. Nos llena de dolor y de rabia, pero aunque tenemos derecho a estos sentimientos, también tenemos el deber de aprovechar esta crisis para reencontrar valores perdidos.

Al mirar a diario la violencia, valoramos más la armonía; enfrentados continuamente al dolor, entendemos el inmenso valor del bienestar y la felicidad; y el despliegue permanente de odio nos abre más fácilmente el corazón hacia el amor. Esto es paradójico, pero puede ser una realidad dependiendo de cada quien. Nuestra actitud ante la adversidad es una decisión que sólo nosotros podemos tomar. Por mucho que nos preocupemos no vamos a cambiar la realidad, pero sí podemos controlar nuestro manejo de ella.

Los padres podemos aprovechar estos momentos difíciles para abrir en la familia espacios de diálogo y unión. Debemos transmitirles a nuestros hijos valores sólidos y hoy día hay tantos ejemplos de "mal comportamiento" que es fácil enseñarles cómo actuar bien. Abundan las oportunidades de mostrar con nuestro ejemplo el valor de la solidaridad, de apoyar a nuestros vecinos, de unirnos y de extenderle la mano al necesitado.

Dicen que sólo a través de la adversidad se crece. Todos los grandes personajes de la historia tuvieron una buena dosis de sufrimiento en su vida. Usemos esto para que nuestros hijos desarrollen tolerancia, humildad y menos apego a lo material. Además, la adversidad nos brinda una oportunidad para inculcar en ellos la espiritualidad, la fe en un ser superior del cual podemos sacar fuerzas, si queremos, y sentir su protección.

De nosotros como padres depende la manera como nuestros hijos vean la realidad e imaginen su futuro. Por eso, no podemos dejarnos vencer por la adversidad y aunque debemos ser realistas y no engañarnos con espejismos, debemos transmitirles a nuestros hijos siempre una actitud de fortaleza, de amor y de fe en los vínculos creados.

Sólo con esfuerzo se logra el éxito

Todo se paga de una manera u otra. Nada es gratis. Las cosas se ganan con esfuerzo y la comodidad no permite que las personas desarrollen sus potenciales. Éste es un mensaje de suma importancia para nuestros hijos.

Es una valiosa leccción que los padres les hagan ver a sus hijos que en la vida todo implica un esfuerzo. Como dice el dicho: "El que quiere celeste que le cueste". Gabriel García Márquez también hace alusión a esto cuando dice: "A un niño le daría alas, pero dejaría que él solo aprendiese a volar". Las cosas no les deben llegar de manera tan fácil a nuestros hijos. Como padres tenemos la obligación de proveer las condiciones, si están a nuestro alcance, para que ellos mismos busquen el éxito. Los padres siempre debemos estar disponibles para mostrar el camino y aclarar dudas, pero no podemos vivir la vida por ellos. Debemos tener una presencia constante que acompañe y atienda, pero que no descalifique. Hacer cosas por nuestros hijos que ellos ya pueden hacer por sí mismos es una forma de volverlos inútiles y de enseñarles a ser dependientes y a esperar a que los demás les ayuden.

Desde pequeños, debe enseñarles que todo implica un esfuerzo y que la vida es un proceso en el cual se va aprendiendo poco a poco. Los buenos esfuerzos serán premiados en algún momento y el que no se esfuerza termina por ser un perdedor.

También debe enseñarles a enfrentar las consecuencias de sus actos. Esto se hace siendo firme y consecuente. Aquí no hay cabida para la sobreprotección. Si su hijo hace algo malo, que lo enfrente. Si se mete en un problema, ayúdelo a buscar soluciones, pero que sea él quien las enfrente. Si se roba algo o dice una mentira, que vaya y lo devuelva o aclare la verdad y pida perdón. Si busca pelea con sus hermanos, que se aguante las consecuencias. Si saca malas calificaciones, ayúdele a ver el porqué y muéstrele que debe estudiar más. Enséñele que si quiere ayuda, debe aprender a ayudar a los demás, y si quiere privilegios, debe ganárselos con buenos actos.

Para tener hijos fuertes y emocionalmente sanos, tiene que exigirles un poco más y crearles necesidades y responsabilidades de algún tipo. Ojalá tengan la responsabilidad de despertarse temprano, de manejar su propio dinero, de cuidar su ropa y de ayudar en la casa. También deben aprender a escuchar a los demás y a cumplir sus promesas.

Los padres tenemos el deber primordial de mostrarles a nuestros hijos cómo deben ganarse los privilegios. A la hora de la verdad, ellos tendrán que enfrentarse solos a la vida. Empecemos entonces desde temprano a enseñarles a cumplir con su deber, y a ser luchadores y perseverantes.

Doce reglas para criar hijos *delincuentes*

Estas doce reglas fueron preparadas originalmente por el Departamento de Policía de Houston, Texas. Son impactantes y a veces pensar las cosas en negativo nos ayuda a ver la verdad de manera más clara. Las transcribo a continuación para que sean motivo de reflexión y nos abran los ojos sobre nuestro papel como padres.

1. Empiece desde muy temprano a darle a su hijo todo lo que pida. De esta manera, crecerá pensando que la vida le debe todo a él.
2. Cuando diga sus primeras malas palabras, ríase y celébreselas. Esto le hará pensar que es ingenioso y además lo entusiasmará y motivará a usar frases aún más "célebres" cuando sea grande.
3. Nunca le hable de Dios, ni de la vida espiritual, ni de religión. Espere hasta que tenga 21 años para que él decida por sí mismo.
4. Evite el uso de las palabras "mal hecho". Podría llenarlo de sentimientos de culpa. Esto lo condicionará a creer más adelante, cuando sea arrestado por robar, que la sociedad está en contra de él y, por lo tanto, que está siendo perseguido injustamente.
5. Recoja todo lo que deja botado: libros, zapatos, juguetes o ropa. Haga todo lo posible por evitarle responsabilidades, para que así aprenda a "botarle" la responsabilidad de sus actos a otros.

6. Déjelo leer todo lo que llegue a sus manos. Esterilice y limpie cubiertos y vasos, pero deje que su mente se alimente de basura.

7. Pelee con frecuencia en presencia de sus hijos. De esta manera, no habrá sorpresas más adelante cuando su hogar se acabe.

8. Déle a su hijo todo el dinero que quiera. Nunca lo deje ganarse un peso por sí mismo. Después de todo, ¿por qué ha de tocarle a él tan difícil como le tocó a usted?

9. Satisfaga todos sus deseos en materia de comida, bebida y comodidades. Asegúrese de que todo deseo material sea gratificado. Privarlo de todo esto puede llevar a su hijo a grandes traumas y frustraciones.

10. Bríndele su apoyo incondicional en contra de vecinos, profesores y otras figuras de autoridad. Todos ellos pueden estar en contra de su pobre hijito y usted debe defenderlo.

11. Cuando su hijo se meta en problemas serios, discúlpese, diciendo: "Yo nunca pude con él".

12. Prepárese para un vida de dolor. Lo más probable es que tanto su hijo como usted sean bastante desdichados.

La importancia de los límites, la claridad y los valores tiene cada vez más vigencia. Nuestros hijos necesitan grandes dosis de amor, pero también necesitan estructura y firmeza a la hora de educarlos. Sólo esto, además de un buen ejemplo, los hará personas de bien.

Reflexiones sobre la familia

Papá no hay sino uno

Hoy día se sabe que el papá tiene un papel importante en la vida de los hijos. Para crecer sanos y sobre todo equilibrados, necesitamos tener papá y mamá. La mitad de la educación parental la proporciona definitivamente el padre, aunque no lo parezca. Es hora de darle al papá el lugar que merece en la familia. El papá tiene funciones únicas y especiales, como ser compañero, proveedor, protector, maestro y guía moral de sus hijos. Todo el mundo reconoce esto hoy y por tanto tenemos más conciencia de lo valiosa que es la presencia de un buen papá en la vida de nuestros hijos.

El papá es el motor del pensamiento de los hijos. Los papás tienden a usar un lenguaje más complejo, lo cual es bueno para estimular el desarrollo verbal y la inteligencia. Son más exigentes por naturaleza y fijan expectativas más altas. Para un hijo es muy importante que su papá lo apruebe. Por eso, es tan importante que los papás feliciten, alaben y les hagan cumplidos a los hijos. Esto mantiene la autoestima del niño y lo estimula a continuar desarrollándose.

El papá es la figura de disciplina por excelencia. Cuando el papá pone un límite, el hijo sabe que la cosa va en serio. La mamá tiende a hablar mucho y a ser más flexible. No sabemos exactamente por qué, pero por lo general cuando el papá da una orden, siempre se cumple más rápido que una de la mamá. Muchos niños que crecen sin padre y sin estructuras claras tienden a romper más las normas y a no aceptar los límites. Un estudio reciente realizado en Estados Unidos mostró que el 75% de los delincuentes juveniles provenían de hogares donde el padre estaba ausente de manera permanente.

A través del papá, el niño conoce el mundo masculino. Sin una figura paterna a quién imitar es muy difícil que el muchacho en crecimiento entienda y desarrolle su masculinidad sanamente. Para la niña es igual de importante la presencia del padre, pues la relación que tenga con él va a determinar sus relaciones con el sexo opuesto. La niña necesita que su padre la apruebe como "mujer". Sin este mensaje, parece ser que a la niña le queda más difícil fortalecerse.

Hay estudios recientes que indican que los niños que tienen un vínculo más cercano con su padre son más tranquilos, aceptan retos y se atreven a asumir nuevas tareas de manera más fácil. Un buen papá es una base necesaria para el buen desarrollo, es el complemento de la mamá y ayuda a mantener la estabilidad en la familia. Un buen papá también apoya a la mamá y se convierte en parte de ese frente unido que guía paso a paso la vida del hijo. Dependiendo de su personalidad, el papá puede ser más juguetón, más serio o más cómplice, pero su presencia es indispensable. Sólo a través de una figura paterna sana interiorizamos los límites y el control de los impulsos.

Quienes no tienen papá deben buscar otras figuras que puedan ayudar en este proceso, como puede ser un tío, un maestro, un abuelo, en fin, una figura masculina que admiren y que les sirva de soporte y guía en su vida.

Ser mamá

Ser mamá hoy día es igual pero diferente. Igual porque el instinto materno no cambia ni tampoco el amor maternal. Diferente porque hoy se le exige más a la mamá. Las madres de hoy han adquirido múltiples obligaciones que las de antes no tenían. También tienen el reto de criar hijos sanos en un mundo cada vez más competitivo y caótico.

Se espera mucho de una madre. Su amor tiene que ser incondicional y además ella es la responsable de la salud mental de sus hijos. La presencia de una buena madre es definitiva y va a tener una influencia muy significativa en la vida de los hijos. El amor de la mamá es irreemplazable. Nadie lo quiere a uno como lo quiere la mamá. Por eso, la orfandad temprana de madre deja una sensación de pérdida que acompaña al hijo por el resto de la vida. Sin embargo, hay personas huérfanas de madre que logran salir adelante con el cariño y apoyo de otros miembros de la familia.

Estar todo el tiempo con los hijos, sin despegarse, no es la esencia de una buena madre. Una buena madre comparte tiempo con su hijo y le enseña a depender cada día menos de ella. Le da las herramientas para que eventualmente pueda caminar solo por la vida. Le da al hijo grandes dosis de amor y cree en él, pero también le pone límites. Una buena madre forma un "frente unido" con el padre y le permite a éste tener un espacio exclusivo con los hijos. Una buena madre no debe ser todopoderosa, debe contar siempre con el apoyo y la compañía del padre de sus hijos. Debe entender que los hijos también necesitan un "buen papá", que complemente la labor de ella. El exceso de mamá y la ausencia de papá también hacen daño. Un niño sobreprotegido por la madre tiende a ser débil, y a estar muy distanciado del padre y de los otros miembros de la familia.

Una buena madre comprende que existen etapas en las cuales los hijos necesitan más al padre, especialmente los hijos varones en la etapa de la identificación sexual. El mayor acto de amor de una madre es entender esto y permitir que sus hijos pasen más tiempo con su padre en estas etapas, sin sentirse desplazada.

Por último, una buena mamá no debe descuidarse a sí misma pues al estar bien ella, sus hijos y su familia también lo estarán. En resumen, ser mamá y más aún una buena mamá es una gran responsabilidad, pero también puede ser una aventura maravillosa y única. Realizarse como madre es una de las opciones más importantes de una mujer, que no puede ser reemplazada por ninguna otra cosa en la vida.

Calidad vs. cantidad
de tiempo de las madres

Todas las mamás que trabajamos sentimos algo de culpa por tener que dejar a nuestros hijos solos. Esto es inevitable. Hay que manejar este sentimiento, volviéndolo una fuerza positiva y organizadora. Cuando una madre tiene que trabajar, no hay alternativa. Lo importante es lograr que esto no afecte negativamente a nuestros hijos. Por esta razón, hay que organizarse bien.

Lo primero es conseguir a alguien de mucha confianza que nos ayude con el cuidado del niño. Esta persona debe recibir un entrenamiento previo, mientras la madre está presente, para que la transición sea menos dura. Las rutinas deben respetarse para que, de esta manera, el pequeño extrañe a su madre lo menos posible. La madre nunca debe irse de la casa sin despedirse, aun cuando el niño llore. Así, con el tiempo, el niño entenderá que su mamá es alguien en quien puede confiar. Esto es clave. Hay muchas mamás que por no ver llorar a sus hijos, se desaparecen; esto empeora la situación.

El niño que desde que nace se acostumbra a que su mamá no está todo el tiempo, lo maneja bastante bien. Muchos estudios indican que estos niños tienden a ser más responsables y menos dependientes. ¡Todo tiene su lado positivo!

La clave está en tener un tiempo individual con cada hijo al llegar a casa. Así el niño va desarrollando un vínculo con la mamá. Cuando el niño es pequeño, ojalá sea la mamá quien lo bañe y le dé de comer en las noches. El horario del pequeño debe acomodarse al de la madre. El fin de semana también hay que aprovecharlo. Cada momento que una mamá tiene con su hijo es oro.

Hay que cuidarse de caer en las trampas que tiende la culpa y conceder permisos excesivos o mimos exagerados en compensación por la ausencia, pues eso no es muestra de amor. Estar allí cuando los hijos nos necesitan es lo importante. Por eso, acompañarlos al autobús, ir a las citas escolares, estar para el cumpleaños y quedarse con ellos cuando están enfermos es lo que en realidad cuenta. Las buenas mamás no les fallan a los hijos por el hecho de trabajar, aunque todas quisiéramos compartir más tiempo con ellos.

Para las madres que no trabajan

Por lo general, las madres que no trabajan enfrentan un dilema que tiene que ver con la calidad vs. la cantidad del tiempo que pasan con los niños. La cantidad de tiempo que se pase con un hijo puede o no tener calidad. Sé de muchas madres que se sienten agobiadas por la maternidad a causa de la cantidad de tiempo que pasan con los hijos. Se cansan de ellos y de sus rutinas diarias, hasta el punto de que a veces comienzan a maltratarlos. Una mala relación entre madre e hijo puede causar muchos problemas psicológicos severos. Generalmente, esta relación es muy estrecha y cuando es negativa y mamá aparece como casi omnipotente y omnipresente, los niños tienen dificultades para desarrollar autonomía.

Ya sea que la mamá trabaje o no, debe estar pendiente de que la calidad del tiempo que pasa con sus hijos les dé fuerza emocional. Esto es lo verdaderamente importante.

Padres unidos, hijos sanos

La importancia de una pareja estable en la formación de los hijos

En esta época, donde una de cada tres parejas se separa, es urgente hacerles ver a los padres la importancia que tiene para los hijos un buen matrimonio o una buena relación. Más aún, aunque ya no exista el matrimonio, sí puede haber una buena relación entre los padres. Ésta es la base para la formación psicológica del niño y va a determinar su patrón de relación con el sexo opuesto. Los padres son modelos primordiales para los niños y la pareja como "frente unido" va a dar directrices emocionales únicas. Los niños son grandes observadores y tienen unos radares emocionales sorprendentes. Ellos siempre saben cuándo papá y mamá están peleando, aprenden a detectar las señales de peligro, se inquietan ante los mensajes ambiguos y se asustan ante la posibilidad de que un padre le haga daño al otro. Para ellos es difícil aceptar la exigencia de tolerancia, cuando ven a diario la constante intolerancia entre sus padres.

El niño también sabe instintivamente que mamá no está de acuerdo con papá, y aunque no entienda por qué, sabe que hay discordia. Es importante que los hijos vean que papá y mamá no están siempre de acuerdo, pero que logran hacer compromisos que los benefician a todos. La manera como los papás manejan sus conflictos va a dejar una huella imborrable en la vida de los hijos. Lo más seguro es que ellos repitan el patrón que vieron en su hogar, cuando se sientan ante un posible problema.

Es necesario que los hijos vean que papá y mamá hacen un esfuerzo por vivir en armonía y que son tolerantes el uno con el otro. El respeto es otro ingrediente que debe estar siempre presente en la pareja. No gritar y no desautorizarse son requisitos indispensables para que haya una manifestación clara de respeto.

Los niños y los jóvenes saben que una pareja que se respeta mutuamente va a respetar a sus hijos. También saben que la pareja que se trata con afecto y sabe solucionar sus diferencias amigablemente, va a hacer lo mismo con ellos.

Por eso, para cuidar bien de los hijos hay que cuidar de la pareja. Aunque los padres estén separados, pueden tener una relación no tan afectuosa, pero sí respetuosa y amable, y tener estrategias claras para solucionar problemas. Ésta no siempre es una tarea fácil, pero hay que hacer el esfuerzo por amor a los hijos.

Muchos estudios serios han concluido que los niños de familias bien avenidas resultan más activos, menos temerosos y tienen una mejor autoestima. Por el contrario, aquellos niños cuyas familias son explosivas y manejan inadecuadamente sus conflictos, tienden a ser depresivos, tienen baja autoestima y, lo peor, tienen gran dificultad para relacionarse con los demás. Trabaje, entonces, por su relación de pareja; es un favor que sus hijos siempre le agradecerán.

El puesto en la familia
y cómo afecta el desarrollo
de la personalidad de su hijo

Los niños pueden desarrollar percepciones erradas de sí mismos de acuerdo con la interpretación que hagan de su posición en la familia. El orden de nacimiento realmente afecta la relación entre padres e hijos. Conocer el orden de nacimiento de un niño nos permite entender mejor su mundo y su percepción de éste. El psicólogo Alfred Adler ha investigado mucho sobre el tema y ha mostrado que existen "predisposiciones" de acuerdo con el puesto que se ocupe en la familia. Es importante que los padres entiendan esto para que eviten caer en los estereotipos negativos y puedan ayudar así a cada niño a desarrollar su potencial. Adler dice: "Uno de los factores más decisivos en la vida de un ser humano es la constelación familiar. Desde el momento en que nace, empieza a buscar, a conseguir su sentido de pertenencia. Cualquier acto que lo distraiga de esa búsqueda es reemplazado por otro comportamiento para alcanzar alguna significancia o pertenencia".

Miremos entonces qué pasa con los hijos mayores. Desde luego, siempre hay excepciones, pero por lo general los hijos mayores, como dice Jane Nelsen en su libro *Disciplina con amor,* tienden a ser responsables, independientes, dominantes, perfeccionistas, críticos, competitivos y poco dispuestos a arriesgar. Por haber sido los primeros en nacer, piensan erradamente que para continuar siendo valorados deben ser siempre los primeros o los mejores. El hijo mayor quiere cumplirle a sus padres y ser siempre el orgullo de ellos, y más tarde, cuando llegan más hermanos, tiene que cuidar su liderazgo.

Los hijos menores, por el contrario, no compiten. Son bastante consentidos porque se les da más gusto; incluso los hermanos mayores los miman y les ayudan. Es fácil entonces que adquieran la idea de que para que los quieran deben continuar manipulando a los demás para que los sigan consintiendo. Los hijos menores son encantadores pues necesitan tener seducidos a quienes los rodean. Tienden a ser creativos, dependientes, amantes de la diversión, no son buenos estudiantes y quieren que los demás les presten atención a cualquier precio. Otros hijos menores interpretan su papel de manera distinta y piensan que para ser valorados deben alcanzar y superar a los demás. En estos casos, adoptan una actitud extrema de competencia que los vuelve bastante neuróticos.

El hijo de la mitad (el segundo) siente que tiene que competir con el hermano mayor. Cree que para ser tomado en cuenta tiene que ser totalmente diferente de su hermano, especialmente si son del mismo sexo. En la gran mayoría de los casos, ésta es una actitud totalmente inconsciente. El hijo del medio se vuelve "conquistador" y por lo general es más simpático y alegre que su hermano mayor. Cuántas veces hemos escuchado a la gente decir: "Tengo dos hijos tan distintos..." He ahí una posible explicación. El segundo tiene que luchar por lograr su posición en la familia y a veces lo hace volviéndose el rebelde o el difícil. Es común que los hijos del medio se sientan oprimidos, porque no tienen los privilegios del mayor ni los del menor. Suelen ser buenos conciliadores y de mente más abierta que sus hermanos.

Existen, claro, muchos factores que afectan estas reglas generales sobre el orden de nacimiento. Uno de ellos, tal como afirma Nelsen, es la diferencia de género. Si el primero y el segundo hijo son de sexo diferente, es muy posible que ambos desarrollen características de hijo mayor, pues la competencia no existe. Cada uno podrá ser hijo "mayor" dentro de su papel sexual.

También, cuando hay más de cuatro años de diferencia entre dos niños, hay menos posibilidad de que se afecten por la constelación familiar. Si hay más de cinco hijos con cuatro años de diferencia entre cada uno, es posible que cada uno se comporte como hijo mayor.

Cuando un niño asume una posición dentro de la familia por más de cuatro años, desarrolla nuevas interpretaciones de su papel. Por eso, cuando el mayor se ausenta durante años, el segundo hijo empieza a comportarse como si fuera el mayor.

Por otra parte, es importante que los padres sepan que el ambiente familiar puede acentuar o disminuir estas diferencias. En las familias competitivas, las diferencias se acentúan y los hijos quedan encasillados. En las más orientadas a la cooperación las diferencias son menos notorias. Usted debe reflexionar sobre qué tipo de familia quiere y cuánto impacto positivo o negativo permitirá que tenga la posición de su hijo dentro de la familia.

La paz se hace en familia

La paz se hace en familia; así de sencillo. Cada uno de nosotros en nuestra casa puede hacer una diferencia en la vida de nuestra familia y por lo tanto de nuestra comunidad. Es cuestión de creer en la fuerza de una buena familia. Una buena familia se construye y se fortalece día a día, haciéndole llegar un mensaje claro de amor a todos sus miembros. El amor puede llegar de muchas maneras, pero tiene que ser el protagonista central. Sin él no podemos construir el respeto y la autoestima de los hijos. No es una tarea fácil, pero con un pequeño esfuerzo diario se puede lograr. Reflexionemos entonces un poco sobre qué es una buena familia.

Una buena familia es aquella que ayuda a todos sus miembros a crecer y a ser fuertes. Es un núcleo en el que existe un clima de confianza que les permite a todos contar las cosas diarias sin temor a ser juzgados. Una buena familia es tolerante ante las debilidades de cada uno, y también apoya sus talentos y fortalezas. Tiene un espacio para los errores porque entiende que sólo así se puede crecer adecuadamente. Logra un equilibrio entre la autoridad y el amor, lo cual permite el desarrollo sano de sus miembros.

Una buena familia tiene rutinas y ritos que todos respetan. Comen juntos aunque sea una vez al día. Celebran los cumpleaños y las navidades juntos. Se acompañan en las buenas y en las malas. Pasan tiempo juntos y también abren un espacio para el tiempo individual. En una buena familia hay respeto por los padres y por los hijos. El maltrato se disminuye. Se acepta el conflicto como parte necesaria de la vida cotidiana. La convivencia implica siempre conflicto, pero se asume una actitud constructiva frente a éste. En una buena familia, los padres les enseñan a los hijos con su ejemplo valores como la honestidad, la generosidad, el respeto y la confianza. Los hijos reciben supervisión de los padres, pero no una atención exagerada, y los padres están siempre disponibles, pero sin involucrarse en exceso en la vida de los hijos.

En una buena familia, hay un poco de todo, pero no se rotula a los hijos. Encasillar a un hijo como el difícil, o a otro como el inteligente, es muy dañino y no permite el cambio. Cada persona tiene derecho a ser como es y debe tener la libertad de desarrollar su potencial. Una buena familia es capaz de darles a los hijos el mensaje de que, pase lo que pase, los padres siempre estarán ahí para ellos.

Pertenecer a una familia fuerte y unida es el mejor legado que podemos dejarles a nuestros hijos y a las futuras generaciones. Esto se lleva muy adentro y vale más que el dinero, el poder o cualquier otra riqueza. Construyamos "familias buenas" de verdad y así podremos construir una verdadera paz.

La paz empieza en familia

Familia sana es la que nos ayuda a crecer y a ser fuertes.

Apoya los talentos y fortalezas de sus miembros.

Manda el mensaje a los hijos de que, pase lo que pase, siempre los padres estarán allí para ellos.

Invita a sus miembros a tener rutinas y ritos que todos respetan.

Logra un equilibrio entre la autoridad y el amor, lo cual permite el desarrollo sano de sus miembros.

Instaura la honestidad, la generosidad, la costumbre de compartir, la solidaridad y el respeto.

Acompaña siempre, en los buenos y en los malos momentos.

Carta de un hijo a todos los padres del mundo

No me des todo lo que pido. A veces sólo pido para ver hasta cuánto puedo tener.

No me grites. Te respeto menos cuando lo haces y me enseñas a gritar a mí también, y no quiero hacerlo.

No me des siempre órdenes. Si en vez de órdenes a veces me pidieras las cosas, yo las haría más rápido y con más gusto.

Cumple las promesas, buenas o malas. Si me prometes un premio, dámelo; pero también si es un castigo.

No me compares con nadie, especialmente con mis hermanos. Si tú me haces aparecer mejor que los demás, alguien va a sufrir; y si me haces aparecer peor, seré yo quien sufra.

No cambies de opinión tan a menudo sobre lo que debes hacer... decide y mantén esa decisión.

Déjame valerme por mí mismo. Si tú haces todo por mí, yo nunca podré aprender.

No digas mentiras delante de mí, ni me pidas que las diga por ti, aunque sea para sacarte de un aprieto. Me haces sentir mal y perder la fe en lo que me dices.

Cuando haga algo malo, no me exijas que te diga por qué lo hice. A veces ni yo mismo lo sé.

Cuando estés equivocado en algo, admítelo y crecerá la opinión que tengo de ti y me enseñarás a admitir mis equivocaciones también.

Trátame con la misma amabilidad y cortesía con que tratas a tus amigos; que seamos familia no quiere decir que no podamos ser amigos también y que tienes el derecho de tratarme bruscamente algunas veces.

No me exijas que haga lo que tú no haces. Aprenderé y siempre seré lo que tú hagas, aunque no lo digas. Pero nunca haré lo que tú digas y no hagas.

Enséñame a amar y a conocer a Dios. No importa si en el colegio me quieren enseñar, porque de nada vale si yo veo que tú ni conoces ni amas a Dios.

Cuando te cuente un problema, no me digas: "No tengo tiempo para boberías" o "Eso no tiene importancia". Trata de comprender y ayudarme.

Y quiéreme y dímelo. A mí me gusta oírtelo decir, aunque tú no creas necesario decírmelo.

Autor desconocido

Artículos sobre desarrollo

Y llega el bebé...

El nacimiento de un bebé es un hecho único en la vida. Cuando es la primera vez, todo es novedoso y se aprende en el camino. Afortunadamente, hoy día hay mucha información disponible sobre el desarrollo de los niños. Se sabe que el primer año de vida es crucial para el progreso del bebé. En este primer año es importante estimular adecuadamente todas las áreas del desarrollo. Es bueno tocar al bebé, hacerle un pequeño masaje diario, hablarle en voz suave, cantarle, ponerle música clásica (en especial, recomiendan la de Mozart) y darle a probar distintas comidas. También hay que estar atento al desarrollo motor del niño, es decir, que se siente a los 6 meses, que gatee a los 9 y camine alrededor de los 12. Si alguna de estas etapas se retrasa, es necesario consultar a un especialista y, sobre todo, estimular al bebé para que desarrolle la destreza. Lo maravilloso es que los problemas que se detectan temprano tienen una mayor probabilidad de solución. Toda la investigación reciente sobre el cerebro muestra que si se logran más conexiones neurológicas, se alcanza un mayor bienestar.

Las rutinas y su puesta en práctica son otro componente en la vida de un bebé. El bebé se acostumbra a lo que lo acostumbren; por eso, es bueno darle la comida en un horario regular, acostarlo siempre a la misma hora, cargarlo cuando sea necesario y no convertir en hábito que duerma con mamá y papá. Desde el primer año de vida, podemos adquirir malos hábitos y habituarnos a ellos. Por eso, es importante desarrollar desde temprano las rutinas necesarias para tener buenos hábitos.

Otro aspecto maravilloso del primer año es la proximidad física. Hay que gozársela y mostrarle al niño que lo queremos a través del contacto físico permanente. El contacto también ayuda al desarrollo del sistema táctil. El bebé se va a beneficiar de múltiples estímulos sensoriales. Hay que tocarlo con diferentes texturas, mostrarle estímulos visuales variados y ponerle canciones, al igual que hablarle y explicarle todo.

En la medida en que el bebé aún no se desplaza independientemente en esta etapa, éste es un tiempo que los padres debemos aprovechar para darle toda la estimulación y el cariño posible. El vínculo que se crea en este tiempo será fundamental para toda la vida.

Cómo preparar a su hijo para el preescolar

Un niño en edad preescolar (3-5 años) debe ser un niño que haya tenido grandes dosis de amor, confianza en el afecto de sus padres, posibilidad de explorar el mundo, disciplina clara y buena exposición a otros ambientes y otros niños. A diferencia de la preparación para la escolaridad formal, que debe ser muy sistemática, la preparación para el preescolar debe ser más informal y tiene que ver más con lo que llamamos "estimulación adecuada". Desde que nace y hasta los tres años, un bebé debe tener lo que se denomina una "buena mamá", con quien establece su primer vínculo afectivo. Este vínculo se forma a través de contactos frecuentes que implican tanto gestos de amor como de límites. Es importante que todas las personas que tengan contacto con el niño le hablen desde los primeros meses de vida. Estudios recientes demuestran que los niños a los cuales se les habla desde muy pequeños son más verbales e inteligentes. Es bueno hablarles en un idioma claro y cotidiano, no a media lengua. Para estimular su capacidad intelectual, también es bueno crear el hábito de leerle cuentos desde la más tierna edad. Exponer a los niños a los tradicionales cuentos de hadas les sirve no sólo de estímulo intelectual, sino de estimulación psicológica.

Hay que crear un ambiente seguro en la casa para que el niño aprenda a ser independiente sin poner en peligro su vida. Por esto hay que adecuar la casa quitando los objetos peligrosos y acomodando sillas, mesas y utensilios de comer de acuerdo con la edad del niño. Desde antes de los tres años se le pueden enseñar hábitos como vestirse y comer solo. Es bueno recordar que esto es un proceso y que el niño necesita observar primero cómo se hace para luego ir poniéndolo en práctica poco a poco. No hay que preocuparse si se pone pantalones amarillos con camisa roja, o si se la pone al revés; esto es parte del aprendizaje.

También es crucial inculcarle algunas nociones de disciplina desde el primero hasta los tres años; establecer reglas claras y enseñarle poco a poco a lograr autonomía. Si antes de entrar al preescolar el niño ya entiende la noción de límite, qué es adecuado y qué no, y además sabe cómo buscar atención positiva, es mucho lo que habrá adelantado. Esto le ayudará a no sufrir tanto al llegar al preescolar y verse rodeado de otros niños que sí siguen instrucciones. Algunas técnicas para reforzar comportamientos positivos son: hablarle, abrazarlo, jugar juntos, reír juntos, hacerle cumplidos y concederle privilegios especiales. Todo esto le hará saber que su comportamiento es correcto. Las pataletas, tan frecuentes en esta edad, deben ser ignoradas por completo. Esto le indica claramente al niño que así no logra la atención de los padres.

También es esencial llevar al niño con frecuencia a parques y a casas de amigos o parientes, donde tenga contacto con otros niños; así empezará a compartir sus juegos y juguetes. Entre el año y los tres años, el niño se siente el "centro del universo" y poco a poco debe ir entendiendo que existen otras personas con las mismas necesidades que él. Por eso, los padres debemos fomentar las salidas y el contacto con personas ajenas a la intimidad del niño para ampliarle su mundo.

Otro consejo esencial es transmitirle la seguridad de que mamá y papá jamás lo abandonarán. Siempre que dejemos al niño solo, ya sea en nuestra casa o en otra, debemos despedirnos y decirle que volveremos por él. Nunca debemos "desaparecer"; esto puede crearle una terrible angustia de separación.

Para tener éxito en el preescolar, es mejor llevar al niño antes para que conozca bien el sitio, cogido de la mano protectora de mamá y papá. A veces es necesario que el papá o la mamá pasen los primeros días con él en el preescolar, hasta que el niño se adapte y se sienta seguro en su nuevo hábitat.

En resumen, si queremos preparar a nuestros hijos para tener éxito en el preescolar, debemos estimularlos a:

1. Hablar y pensar bien, con mucho lenguaje.
2. Explorar el mundo.
3. Tener buenas rutinas de aseo, vestido y horas de comer y dormir.
4. Desarrollar las habilidades motoras.
5. Trabajar los conceptos de disciplina y responsabilidad.
6. Socializar.
7. Comprobar que se pueden quedar con otras personas que los cuidarán bien.

Sin embargo, la base esencial para hacer todo esto es crear un "vínculo afectivo" profundo entre padres e hijos, que es lo que les dará a los pequeños la seguridad emocional para continuar el aprendizaje lejos de sus padres.

Inducción al aprendizaje

Las experiencias de los niños durante los primeros cinco años de vida son fundamentales para triunfar en el futuro.

Durante estos años, se produce un gran desarrollo cerebral, que nunca vuelve a repetirse. Por ello, la preparación escolar es muy importante en estos años. Los padres tienen el deber de preparar a sus hijos para aprender. Veamos algunas maneras como podemos estimular y ayudar a nuestros hijos a empezar por el buen camino.

- Hable con ellos. El idioma hablado proporciona una base excelente para aprender a leer y a escribir. Hable siempre con los niños, aunque sean muy pequeños y no puedan contestar o entender todo lo que decimos.
- Enséñeles cosas. Los números y las letras, al igual que los colores, son excelentes para empezar. Ayúdelos a reconocer las figuras y muéstreselas a través de ejemplos diarios y tangibles; por ejemplo, que la puerta es rectangular y las naranjas son redondas. Además de enseñarles las figuras, estará enseñándoles a observar y a analizar el mundo que los rodea.
- Léales con regularidad. A los niños les encanta que les lean y ese es el inicio de un buen lector. Hoy día se sabe que a los niños a los cuales se les lee desde pequeños les va mejor en la lectura y en el desarrollo del vocabulario. Fíjese la meta de leerles aunque sea

cinco minutos diarios. Esto además de estimularlos creará un vínculo especial entre padre e hijo.

- Cuente con los niños. A los niños les encanta contar; por eso, los padres deben inventar juegos como contar los pasos que hay entre la casa y el paradero del autobús, los pares de medias que hay en el cajón, los autos blancos que pasen por la calle. Cuente con su hijo para que se familiarice con los números y los vea como algo necesario en su vida.

- Enséñeles a practicar las cosas nuevas porque eso lleva a la perfección. Deles suficiente tiempo para que repitan las cosas nuevas que aprenden, como saltar, amarrarse los zapatos y vestirse. Motívelos premiando sus esfuerzos, hasta que logren hacerlo solos.

- Cánteles sus canciones favoritas. Así les estará inculcando el amor por la música.

- Enséñeles buenos hábitos de estudio. En los años preescolares, es bueno que el niño se familiarice con el estudio. La estructura es importantísima, pues ésta se aprende y se interioriza en esta edad.

- Enséñeles que hay límites y consecuencias. No hay que caer en el error de pensar que como el niño es chiquito, no hay que ser firme. Nada más lejos de la verdad. Más que nunca, el niño a esta edad necesita tener límites y entender claramente que sus actos tienen consecuencias.

- Enséñeles a tener paciencia y a esperar. El niño debe aprender que muchas veces hay que esperar. No es aconsejable que los padres les proporcionen a sus hijos en edad preescolar todo lo que deseen y cuando lo deseen. Hay que enseñarles desde temprana edad que las recompensas vienen después del esfuerzo y del trabajo continuo.

Durante los primeros cinco años de vida, tiene lugar lo que se denomina "momentos críticos del desarrollo"; por eso, lo que no se aprende en este momento (el lenguaje, el equilibrio, la automatización de procesos cerebrales), si bien puede aprenderse después, requerirá un esfuerzo mucho mayor.

Hoy día sabemos que el cerebro es muy maleable en esta edad, y por lo tanto no aprovechar estos "momentos de desarrollo" sería como despreciar un gran tesoro, lo cual además pondría en peligro el éxito y la felicidad de nuestros hijos.

Los años escolares

Esta etapa empieza alrededor de los 5 años y termina a los 10. Se caracteriza por la entrada del niño al colegio grande. El niño de esta edad ya es capaz de enfocar su atención en el estudio. Su cerebro está listo para recibir instrucción sistemática y es más capaz de controlar sus impulsos primarios.

Durante estos años, el niño se forma un concepto más claro de sí mismo. Le agrada recibir retroalimentación diaria de sus padres y de sus profesores. La socialización aumenta y las relaciones interpersonales empiezan a desarrollarse. El niño aprende el significado de la convivencia y lo que ella implica: aprender a esperar su turno, a hacer fila, a escuchar a los demás, a organizar el tiempo y el espacio.

En estos años, es muy importante desarrollar rutinas tanto en la casa como en el colegio. Las rutinas le ayudan al niño a tener estructura en su vida. Esta estructura trae consigo cierta tranquilidad psicológica pues el niño se da cuenta de que puede predecir lo que viene y esto le da una sensación de control sobre sí mismo.

Lograr un dominio sobre las principales áreas cognoscitivas también es primordial. En estos años, el niño está listo neurológicamente para aprender a leer y a escribir, y también para recibir las bases matemáticas. El desarrollo del pensamiento también ocurre en esta etapa. El niño es más consciente y empieza a cuestionarse diferentes aspectos de la vida. En este momento, se empiezan a formar el carácter y la autoestima.

La guía de los padres es bien recibida en esta etapa pues el niño necesita directrices claras. También necesita mucha compañía y diálogo. Quiere que papá y mamá estén ahí para ayudarle con las tareas escolares y con los tropiezos que tenga con sus amigos. El niño de esta edad es muy abierto y pide lo que necesita. Es agradecido y complaciente con el adulto. Necesita compartir tiempo con sus padres y prácticamente lo exige cuando no recibe suficiente. Papá y mamá son sus ídolos y sus maestros. Son su base y el centro alrededor del cual gira casi todo. Éste es el momento en el cual a veces puede crearse una dependencia excesiva y en el cual también se siente el abandono en su máxima expresión.

En estos años el niño necesita una supervisión directa y amorosa, que no sea permisiva ni excesiva. A esta edad, con el desarrollo cognoscitivo, también llegan los temores; por eso es de suma importancia que los padres estén ahí para identificar qué les causa inseguridad a los niños y cómo pueden fortalecerlos. Una relación estrecha entre padres e hijos en esta edad hará que la preadolescencia y la adolescencia sean más fáciles de manejar. El niño que haya desarrollado un buen vínculo con sus padres, donde prime la confianza mutua, tendrá muchas ventajas al enfrentarse a los conflictos venideros.

En resumen, en esta edad es importante:

1. Estar muy presente en la vida de sus hijos.
2. Buscar "tiempo individual" con ellos, aunque sea poco. Esto ayuda a fortalecer el vínculo entre padres e hijos.
3. Establecer rutinas para desarrollar buenos hábitos.
4. Ser un buen modelo de lo que quiere que sus hijos interioricen. En esta edad son literalmente unas "esponjas".
5. Hacer siempre lo que dice. El niño está muy atento a esto y necesita ver coherencia entre el "dicho" y el "hecho".

Cómo disfrutar de su preadolescente

La preadolescencia es la etapa que tiene lugar entre los 10 y los 13 años más o menos. Es el momento en el cual los jóvenes dejan atrás su niñez y empiezan a tener cambios hormonales, de actitudes y de valores. Les empieza a gustar otro tipo de música, se interesan por estar a la moda y empiezan a interesarse por primera vez en el sexo opuesto. La diferencia que existe entre esta etapa y la adolescencia es que todavía no hay cambios físicos evidentes. Continúan teniendo cuerpo de niños, pero ya su cerebro empieza a ser estimulado por las hormonas, que son las que producen los cambios de actitud.

El primer cambio que notamos en un preadolescente es que olvida cosas que anteriormente no olvidaba. Por ejemplo, se olvida de hacer las tareas o asignaciones escolares, y por lo tanto baja su rendimiento escolar. En este caso, los padres deben hacerle notar lo que está sucediendo y suministrarle herramientas que le ayuden a organizarse, como una libreta de apuntes, un método para establecer prioridades, etc. Es bueno que sepa que ellos no olvidan hacer las tareas a propósito. El problema es que su mente está ocupada en otras cosas. En esta etapa se preocupan mucho por ellos mismos. A veces no pueden conciliar el sueño pensando en un problema que tuvieron con algún amigo, o pensando en su cuerpo, o en qué se van a poner para la fiesta.

En la preadolescencia, el joven tiene mucho interés por las relaciones con los de su misma edad. Las relaciones se tornan mucho más intensas y hay que escucharlos y apoyarlos. Debemos entender que para ellos los conflictos con sus amigos son de suma importancia, y por eso es esencial escucharlos con paciencia, sin criticar. Una buena manera de ayudarlos es hablar con ellos simplemente reflejando los sentimientos que están expresando. Decirles, por ejemplo: "Veo que te molestó mucho lo que tu amiga te dijo" o "Veo que estás triste", etc. No es necesario resolverles los problemas, sólo tenemos que escucharlos y, si el preadolescente lo permite, darle consejos.

La irritabilidad es otra característica de esta edad. Los preadolescentes son irritables porque tienen mucha energía y aunque siempre se están moviendo, toda esa energía desbordante trae cambios de humor bruscos. Sin embargo, el mal genio desaparece tan rápido como aparece. Nunca se debe discutir con un preadolescente cuando esté de mal genio o enojado. Discutir hace que la situación se vuelva tensa y que todo el mundo pierda el control. Hay que hablar con él, pero cuando pase el momento de irritabilidad. Lo más seguro es que para entonces el muchacho ya haya olvidado el incidente.

En este período los jóvenes se empiezan a sentir impotentes. No son lo suficientemente grandes para ser autónomos e independientes y tampoco son niños, luego ya han perdido el poder que sólo tienen los niños pequeños. Quedan atrapados en una situación donde dependen totalmente de otros, generalmente sus padres, para conseguir dinero, permisos, transporte, etc. Esto los lleva a hacer berrinches frecuentes, en un intento por conseguir algo de lo que quieren. Es importante entender esto porque muchos padres viven estos comportamientos como una agresión directa a ellos y no es así. Los padres deben informarse sobre los permisos que están dando los otros padres, para que sus hijos no sean los únicos que se queden sin salir. Hay que recordar que las épocas cambian y, dentro de lo posible, hay que ajustarse a estos cambios.

En esta etapa el niño se va convirtiendo en una personita con la cual se pueden sostener charlas más profundas y lógicas. Su cerebro empieza a usar los lóbulos frontales alrededor de los 12 años, los cuales le permiten mayor organización y procesar mejor la información. Los padres deben disfrutar de este cambio y aprovecharlo para intercambiar ideas, lo cual puede resultar muy interesante tanto para los unos como para los otros.

Estos cambios llegan y pasan. No son permanentes, pero el manejo que le demos los padres a la situación va a resultar en una adolescencia menos revoltosa y una adultez más sana, o todo lo contrario. Hay que recordar que el preadolescente no sabe lo que le pasa, está llorando la niñez perdida y muerto de susto ante lo que viene. Debemos ayudarlo estando ahí, dándole herramientas y, sobre todo, grandes dosis de cariño y aceptación. ¡Esa fórmula nunca falla!

La adolescencia

La adolescencia es una época tanto de grandes esperanzas e ilusiones, como de dificultades y tropiezos. Es una etapa de transición en la cual se necesita mucha paciencia de parte de padres e hijos. Además de paciencia, también se necesita información para lograr que esta etapa de la vida sea más feliz y estable. La adolescencia es la etapa en que los niños se convierten en adultos, pero esto es un proceso y por un tiempo no son ni lo uno ni lo otro. Los cambios físicos se producen a veces abruptamente y pueden generar una gran tensión en los jóvenes. Los cambios hormonales también son monumentales: pasan de no tener hormonas a tener demasiadas, y todo esto tiene un impacto en la "identidad". Ya no son los mismos, por lo menos físicamente, pero tampoco saben quiénes son ahora. La tarea de un adolescente es averiguar quién es él, cuál es su nueva identidad. Todo lo que hace y dice tiene que ver con la búsqueda de su identidad.

Por todo esto, la adolescencia se ha convertido en un pequeño monstruo al que aparentemente hay que temer. Pero no es tan terrible y se puede salir victorioso de esta travesía si se hace con mucho amor, humor e información. La siguiente es una breve guía para ayudar a los padres a pasar con sus hijos una adolescencia menos traumática:

En primer lugar, los padres deben disfrutar de sus hijos adolescentes, aunque no entiendan sus silencios. Pasar con ellos ratos que sean divertidos para ambos. Ir a comer, al cine, empezar a vivir una nueva etapa con esos hijos que ya pueden "acompañar" y que no hay que cuidar como a niños pequeños.

En segundo lugar, los padres deben recordar que la adolescencia es una época en que el ánimo tiene constantes fluctuaciones, y a veces ni los jóvenes mismos saben por qué están molestos. Hay que ayudarles a reflexionar sobre sus cambios de opinión y mostrarles cómo esto no los afecta sólo a ellos sino también a otras personas. Además, no hay que tomarse tan en serio los momentos en que el adolescente se molesta.

En tercer lugar, hay que validarles su adolescencia. Los padres deben mostrarles a los jóvenes que sí entienden lo que les está pasando porque también pasaron por una época así. Es bueno contarles anécdotas y aventuras de esa época, para establecer una conexión que les permita seguir teniéndose confianza mutua.

En cuarto lugar, los padres deben separar regularmente un tiempo para estar con sus hijos adolescentes. Muchos piensan erróneamente que porque su hijo ya creció, no necesita tanta supervisión. Esto es un error. El adolescente necesita mucho a sus padres, al igual que necesita límites y normas, pero con un poco más de flexibilidad.

En quinto lugar, los padres deben dejar que su hijo aprenda de sus errores y acompañarlo a celebrar sus victorias. No deben sobreprotegerlo y sí permitirle que empiece a asumir la responsabilidad de sus proyectos, trabajos y deberes. Ojalá le pudiesen dar la oportunidad de trabajar y sentirse útil. También es bueno estimular la práctica de algún deporte, pues además de las descargas hormonal y emocional que permite, el deporte es una excelente manera de aprender de los errores.

En sexto lugar, los padres deben entender que otra tarea muy difícil que tiene el adolescente es decidir a qué se va a dedicar el resto de su vida. Para eso es bueno no sólo explicarle con palabras, sino mostrarle con ejemplos de vida cómo son las distintas profesiones.

Por último, los padres no deben entrar en luchas de poder con sus hijos adolescentes. Recuerde que usted es el adulto, que ya sabe para dónde va y qué quiere. Ellos no y por eso se angustian. Tenga reglas claras, pero también sepa llegar a acuerdos.

Para los hijos adolescentes también hay consejos

1. Recuerden que *todos* hemos pasado por ahí y salimos adelante. ¡Ustedes también lo lograrán!
2. Sepan pedir excusas cuando se equivocan y pedir ayuda cuando están mal.
3. Recuerden que sus papás no saben muy bien cómo ayudarles. Díganles lo que sienten y lo que necesitan.
4. Recuerden que ustedes son los dueños de su vida, los demás sólo podemos acompañarlos y guiarlos.
5. No se tomen todo tan en serio; observen, reflexionen y ríanse un poco.
6. Traten de controlar los excesos. La adolescencia es una época de mucha curiosidad en la que se prueban muchas cosas. ¡Cuidado con esto! No hay que probarlo todo para saber si es malo.
7. Escuchen su voz interior. Ésta siempre los guiará pues es la voz de la verdad.
8. Las amistades son clave, pero no lo son todo. Disfruten también de su familia y de otras personas.
9. Busquen un deporte, un hobby, un pasatiempo que los satisfaga y que les permita ser ustedes mismos.
10. Nunca olviden la importancia del respeto. Nada nos da derecho a ofender ni humillar a los demás.

Artículos sobre aprendizaje

Cómo elegir un preescolar

Entre los 2 y los 5 años, los niños atraviesan lo que se llama un "período crítico de desarrollo", que hay que aprovechar para estimular el lenguaje, la motricidad y la socialización. Por esto, es importante elegir un buen preescolar, que le ayude a su hijo a optimizar esta etapa de la vida. Un estudio hecho en los Estados Unidos en los años ochenta demostró con claridad que los niños que asistieron a un preescolar estaban mejor preparados para el colegio tanto intelectual como emocionalmente.

No existe un preescolar mejor que otro, pero a la hora de tomar decisiones, fíjese en lo siguiente:

1. Busque un preescolar que ponga énfasis en los programas de desarrollo que estimulan la motricidad; es decir, uno con amplio espacio para que el niño se mueva y ejercite los músculos.
2. Busque un preescolar que estimule el lenguaje y en el cual, por ejemplo, se lean cuentos a diario, se juegue con palabras y se preocupen por asociar el lenguaje con el movimiento.
3. Busque un preescolar que crea en desarrollar una buena autoestima, y en el que le permitan a su hijo tener expresiones de afecto.
4. No vaya a un preescolar donde el interés sea netamente académico. Aprender a leer y escribir viene después; antes hay que desarrollar las habilidades de preescritura y prelectura y esto es mejor hacerlo de manera creativa.

5. Es ideal que el preescolar tenga clases pequeñas, es decir, grupos entre 10 y 15 niños por salón.
6. También es ideal que tenga profesores graduados en el área específica de preescolar.
7. Por último, busque un preescolar donde crean en la participación activa de los padres.

A la hora de buscar colegio

Buscar colegio es una tarea seria. La consideración más importante es cuáles son las prioridades de los padres. ¿Qué tipo de educación quieren para sus hijos? ¿Individualizada, bilingüe, mixta, tradicional, religiosa? Mire hacia el futuro e imagínese a su hijo en unos años. ¿Qué tipo de persona le gustaría que fuera? El colegio va a jugar un papel importante en la formación de su hijo. Son 14 años de colegio, de 8 horas diarias, cinco días a la semana. Además, el colegio no es sólo lo académico. Es mucho más; es un estilo de vida con unos valores y unas exigencias particulares. Por eso para elegir un colegio es fundamental ver cuánta afinidad hay entre la misión y la filosofía del colegio, y los padres.

Hay que buscar un colegio donde uno como padre se sienta cómodo, y esté de acuerdo con la mayoría de las políticas del plantel. Nada más difícil y traumático que inscribir a un hijo en un colegio con el cual uno de los padres no está de acuerdo. Entre el colegio y la casa debe existir una conexión positiva para que el niño se sienta cómodo. He visto muchos casos en los que un niño no progresa como se espera porque su mamá odia el colegio y todo lo que éste representa.

Decir que éste o tal colegio es bueno es una afirmación muy relativa. Un colegio es bueno en la medida en que le ayude al niño a desarrollar su potencial al máximo, el emocional tanto como el intelectual. La parte socioemocional de la educación es muy importante. Hay niños que necesitan un ambiente más enriquecido a nivel emocional; otros se benefician de una disciplina estricta. Por esto es importante conocer bien a su hijo y entender sus necesidades. Puede darse el caso de que en una familia uno de los hijos no se adapte al colegio en el que sus hermanos se educaron. Es deber de los padres buscarle a este hijo un colegio en el que sí pueda tener el progreso deseado.

Por eso a la hora de buscar colegio reflexione sobre su historia, sus valores, sus creencias y la personalidad de su hijo, y haga una elección con la cual tanto papá como mamá se sientan cómodos. Por último, los padres deben llegar a un acuerdo antes de elegir un colegio. Más adelante, cuando surja un problema, no sería justo culpar al otro por la elección.

Estilos de aprendizaje

¿Cuál es el estilo de aprendizaje de sus hijos?

Lucía es una niña popular, con grandes destrezas sociales. Es bonita, inteligente y simpática, y por eso nadie entiende por qué no le va bien en el colegio. Lucía tiene un estilo de aprendizaje especial, por lo menos, uno no tradicional. Necesita moverse para aprender y tiene excelente memoria visual, pero no se acuerda de ninguna instrucción oral. Se demora comprendiendo lo que lee y necesita más apoyo de sus profesores.

¿Aprende usted mejor en una habitación silenciosa o cuando escucha música? ¿Aprende mejor sentado en un escritorio, en un sofá o en el piso?

Todos tenemos nuestro propio y único estilo para aprender. Esto quiere decir que tenemos una serie de fortalezas y debilidades, y su interacción va a determinar la eficacia de nuestro aprendizaje. Recientes investigaciones de la Universidad Johns Hopkins, en Baltimore, han demostrado que cada ser humano tiene un cerebro único e irrepetible. Podrán tener funciones paralelas o similares, pero cada cerebro aprende de manera distinta. Estas diferencias son más marcadas cuando se trata de aprender algo nuevo y difícil. Por esto es importante que empecemos a entender nuestro propio estilo de aprendizaje y el de nuestros hijos.

El estilo de aprendizaje depende en parte de funciones biológicas, pero también implica variables emocionales y sociales. La manera como nos concentramos, procesamos y recordamos la información contribuye al estilo de aprendizaje.

Para identificar el estilo de aprendizaje, se deben tener en cuenta las siguientes variables, definidas por Rita y Kenneth Dunn:

1. El sonido: si aprendo mejor con ruido, con música o en silencio.
2. La luz: si aprendo mejor con luz fuerte y luminosa u opaca.
3. El espacio físico: si aprendo mejor sentado en un escritorio o en el suelo.
4. La persistencia: si cuando empiezo algo no me detengo hasta terminar, o me sirve más trabajar por ratos cortos.
5. El nivel de estructura: si aprendo mejor o entiendo más cuando me dan las instrucciones paso a paso, o cuando sólo me las indican a nivel general.
6. La variable sociológica: si estudio mejor solo o acompañado.
7. La variable perceptual: si me acuerdo mejor de lo que veo, de lo que oigo o de lo que hago.
8. La comida: si cuando estoy estudiando me ayuda comerme algo, o si por el contrario me interrumpe.
9. El momento del día: si aprendo mejor por la mañana, o estoy más lúcido por la noche.
10. El nivel de movimiento: si aprendo más fácil cuando me estoy moviendo o cuando estoy sentada.

Por otra parte, hay dos estilos de procesamiento de información básicos: el analítico y el global, que son los que utilizamos la mayoría de las personas. Las personas analíticas aprenden más cuando la información es suministrada paso a paso. Les molesta perder el hilo y necesitan entender para dónde va la lección.

Las personas que aprenden más fácilmente de manera global encuentran este enfoque aburrido. Ellas aprenden mejor con anécdotas o historias cortas. También, a través del humor, los símbolos, las gráficas o las ilustraciones. Los analíticos prefieren el silencio mientras aprenden, la luz fuerte, la ubicación tradicional (pupitre o escritorio), empezar y terminar una sola tarea, y luego proceder a la siguiente, e ingerir bebidas y alimentos sólo al terminar la tarea. Los globales, por el contrario, prefieren aprender en un medio que tenga música o conversaciones periféricas, luz suave, estar sentados en un sofá o en el piso, trabajar en varias tareas de manera simultánea y comer mientras estudian o trabajan.

El estilo de aprendizaje se puede analizar también en términos de canales de entrada de la información. Hay personas que son netamente visuales, es decir, que tienen que ver las cosas para poder procesarlas y recordarlas. En esta categoría están las personas con memoria fotográfica. Hay otras que necesitan escuchar lo que quieren aprender para que se les grabe. Son las personas auditivas por excelencia, a las cuales no se les olvida nunca un cuento, un chiste o una conversación. Existe un grupo minoritario que necesita tocar para aprender. Esto ocurre mucho con los niños cuando están más pequeños. El tacto les sirve para grabar mejor la información. Hay otro estilo que se denomina "kinético", que se aplica a quienes sólo logran optimizar el aprendizaje a través del movimiento. Mueven el pie, la mano (por ejemplo, necesitan tomar notas) o todo el cuerpo y así aprenden mejor.

Es bueno que observe cuidadosamente a sus hijos y logre entender cuál es el estilo de ellos. No necesariamente va a ser igual al de sus progenitores. Respetar estos estilos puede significar el éxito o el fracaso escolar de sus hijos. Para los maestros, esta información también es esencial, pues deben enseñar de diferentes maneras para que cada niño logre desarrollar al máximo su potencial. Utilizar una sola estrategia, como sucede en la clase magistral, puede afectar negativamente a muchos de los estudiantes. Reflexionar sobre nuestro estilo de aprendizaje es básico, porque éste va a afectar directamente la manera como enseñemos.

Problemas de aprendizaje

Muchos niños presentan problemas de aprendizaje específicos que entorpecen su escolaridad. La mayoría jamás son identificados o diagnosticados correctamente. Pasan la mayor parte de sus años escolares sintiéndose mal y fracasados.

Esto tiene un alto precio, no solamente en términos de la interferencia con el aprendizaje posterior, sino también teniendo en cuenta que las experiencias de los años escolares tienen un impacto duradero, y en algunos casos irreversible, en la formación del concepto de uno mismo y, por consiguiente, de la autoestima.

Los problemas de aprendizaje son obstáculos que impiden el aprendizaje sistemático escolar. No son una enfermedad. Al parecer, son consecuencia de una organización cerebral diferente, pero no necesariamente deficiente. Los niños con problemas de aprendizaje no responden a los métodos de enseñanza tradicional, pero sí aprenden con otros métodos y a otro ritmo.

La definición del problema de aprendizaje implica una debilidad (leve, moderada o severa) en un área cognoscitiva, lo cual entorpece el aprendizaje normal. El niño con esta dificultad suele tener una inteligencia normal o superior a la normal. De acuerdo con mi experiencia, la mayoría de los niños con dificultad para aprender son bastante superiores a lo normal.

Los problemas de aprendizaje se entienden mejor si utilizamos el concepto de estilo de aprendizaje. Como vimos anteriormente, todos tenemos nuestro propio estilo para aprender. Este estilo está determinado por la coexistencia de áreas fuertes y débiles. La interacción de ellas define un estilo de aprendizaje particular. Por ejemplo, al adulto se le acepta que diga "Muéstrame", en lugar de dejar que se le explique verbalmente, o "Yo no puedo cocinar con receta, porque necesito probar lo que hago".

En general, podemos evadir nuestras debilidades o déficits y funcionar bien a través de un proceso de acoplamiento entre nuestras áreas fuertes y las exigencias del ambiente. Infortunadamente, éste no es el caso de los niños que están estudiando, debido a que ellos deben adaptarse a una serie de exigencias preestablecidas. De hecho, si el estudiante no funciona como se espera, tendemos a tacharlo de "desinteresado", "perezoso" o "desmotivado", o a diagnosticarle erróneamente que tiene problemas emocionales.

Por otra parte, cuando oyen el término "problemas de aprendizaje", la gran mayoría de las personas tienden a asociarlo con la dislexia y piensan equivocadamente que el problema se reduce a confundir la letra b con la d y que por eso el niño tiene dificultades para aprender a leer o para leer bien.

Posibles causas

Los niños prematuros, el bajo peso al nacer, la incompatibilidad sanguínea, la anoxia o cualquier lesión física puede alterar la capacidad de un niño para aprender. No hay evidencias científicas exactas para relacionar estos fenómenos con los problemas de aprendizaje, pero sí parece existir un cierto grado de asociación.

Otra posible causa es la genética. Así como se heredan los talentos artísticos y las aptitudes, también parece existir un factor hereditario con respecto a las características del aprendizaje. También existen factores ambientales facilitadores de las dificultades del aprendizaje.

Hoy día sabemos que un problema de aprendizaje se puede identificar desde muy temprana edad. El pronóstico de éxito escolar se eleva considerablemente si se diagnostica temprano. Un síntoma inequívoco es el hecho de que cualquier área del desarrollo se adelanta a la motora. La motricidad es un área bandera en los primeros tres años de vida, y por eso el niño que habla mucho pero se mueve poco es altamente vulnerable. Sin embargo, también es vulnerable aquel que se mueve mucho o habla poco o muy mal. El niño que desde muy pequeño es demasiado activo o inquieto puede tener un alto riesgo de desarrollar problemas de aprendizaje, y si además su actividad física no parece ser organizada ni orientada a una meta, es bueno investigar un poco. Otro síntoma o señal de alerta para un posible problema de aprendizaje es la dificultad para reconocer los colores en niños de edad preescolar, a pesar de que hayan recibido la estimulación adecuada.

Síntomas o señales de alerta

1. El niño es muy inquieto. – Se mueve mucho físicamente.
2. Es disperso. – No puede concentrarse.
3. No sigue instrucciones. – Se le dificulta seguir instrucciones correctamente.
4. Es impulsivo. – Trabaja rápida e impulsivamente y no termina, y/o comete muchos errores.
5. Es lento. – Trabaja lentamente y no termina.
6. Lee mal. – Invierte o se salta letras y palabras.
7. Escribe mal. – Invierte o se salta letras y palabras.
8. Tiene deficiencias en el lenguaje. – Tiene un vocabulario pobre.
9. Tiene un déficit motriz. – Tiene algún déficit en la motricidad gruesa o en la fina.
10. Se le dificulta mucho el concepto matemático en general.
11. Es errático – Unos días puede hacer algo y otros no.
12. Se cansa más rápido que los demás.

Uno solo de estos síntomas no necesariamente quiere decir nada, dos o más sí ameritan una investigación. Si existe alguna duda o sospecha de que su niño pueda presentar un problema de aprendizaje, es importante observarlo por un tiempo para ver si estos síntomas se manifiestan claramente. Si es así, es aconsejable buscar la opinión profesional de un psicólogo educativo, un psiquiatra, una fonoaudióloga o un neuropediatra.

Con mucha paciencia

Solucionar un problema de aprendizaje es tarea de toda una vida. Es un proceso y, como tal, lleva tiempo e implica retrocesos. Es necesario tener mucha paciencia y saber creer en el niño para que él a su vez crea en sí mismo.

Esto nos recuerda la historia de personajes famosos que tuvieron grandes dificultades de aprendizaje pero lograron sobresalir. Todos tienen en común que alguien creyó en ellos, los respaldó y les brindó ayuda para superar sus dificultades.

Déficit de atención

Todo el mundo hoy día habla de déficit de atención o DDA/DDAH. Cada día se diagnostican más y más casos. Este síndrome tiene que ver con la dificultad de enfocar, de mantener la atención y de organizarse. Viene a veces, pero no siempre, acompañado de mucha actividad física, y puede ser causa de un problema de aprendizaje. También hay personas con DDA que no presentan problemas de aprendizaje. El déficit de atención es un conjunto de síntomas que puede tener varios orígenes. Lo importante en un buen diagnóstico es buscar la raíz del problema, para así poder ayudar de manera efectiva al niño.

Cuando un niño no puede controlarse, no puede estarse quieto, no puede concentrarse en un solo estímulo, se aburre rápido de todo, no se compromete, hace las cosas a medias, empieza pero no termina, hay que repetirle todo y se le olvida con frecuencia dónde dejó las cosas, posiblemente tiene el síndrome denominado déficit de atención.

¿De dónde viene este problema? El DDA tiene tres orígenes visibles: una inmadurez motora generalizada, un problema de regulación de químicos a nivel cerebral, o un problema importante a nivel emocional. Es necesario que usted como padre reciba información clara acerca de cómo se origina el problema, para así poder determinar la intervención adecuada.

En un caso de DDA generalmente se deben poner en práctica por lo menos tres estrategias paralelas. Al niño se le debe organizar en la casa y el colegio, y también puede requerir terapia ocupacional y/o medicación. Nuevamente, esto depende del diagnóstico; por eso, es importante que los padres exijan la mayor cantidad de información posible y pregunten todo lo que no les quede claro.

El trabajo que implica la mejoría de un déficit de atención es demorado. Las personas que estén trabajando con el niño tienen que ser de la total confianza y agrado de los padres. El equipo generalmente consta de un psicólogo o psiquiatra, un neuropediatra y un terapista ocupacional. El contacto permanente entre el colegio, los padres y este equipo es crucial. Cuando el problema de atención tiene un origen químico, es necesario usar una medicación; la más efectiva y utilizada en el momento es la Ritalina. Muchísimos padres se preocupan por los posibles efectos secundarios que pueda producir esta droga. Hay que medir todas las variables y tomar una decisión. Si por algún motivo la Ritalina no le funciona a su hijo, usted puede descontinuarla (no sin antes consultarle al médico del niño). Al suspender la medicación, se suspenden los efectos negativos. Sin embargo, se ha visto que cuando la medicación le sirve al niño, le cambia la vida.

Si usted sospecha que algo no anda bien con la atención de su hijo, asesórese bien y no se dé por vencido. Por lo general los niños con DDA son súper inteligentes, aunque incapaces de rendir en el colegio. Hay que estar alerta para ayudarles a tiempo.

Dislexia

La dislexia o dificultad para leer es un problema para muchos. Una de cada diez personas puede sufrir de dislexia en grado menor o mayor. El grado menor implica una pequeña dificultad para leer y más que nada para comprender lo leído. La lectura no es atractiva y esto atrasa mucho al estudiante pues una lectura eficiente tiene una directa correlación con el éxito académico. El grado mayor significa un tropiezo serio en la escolaridad porque el estudiante puede leer muy mal o no hacerlo del todo. Por lo general el niño disléxico es muy inteligente y tiene talentos importantes en áreas como matemáticas, arte, ciencias o música. Estos talentos muchas veces no son reconocidos porque quedan ocultos tras el fracaso escolar.

La dislexia es uno de los muchos problemas de aprendizaje que puede presentar un niño, pero tal vez es el que más áreas invade. Afecta la capacidad de leer, de escribir, de deletrear y, en algunas ocasiones, viene asociada con problemas de articulación. No poder leer o leer mal trae consecuencias muy serias para un niño, que luego se convierte en un adulto con problemas de autoestima. Lo peor de todo esto es que por lo general crecen sin saber qué les pasa y llegan a la conclusión de que son brutos, lentos, retraídos o incapaces.

Hoy día se sabe que la dislexia es un desorden del hemisferio izquierdo, que ocurre en el área del lenguaje, que tiene que ver con la dificultad para percibir secuencias auditivas y afecta también la memoria de símbolos, en este caso, la memoria de palabras. El niño disléxico real tiene problemas para acordarse del nombre de las cosas. Precisamente, uno de los primeros síntomas de dislexia es la demora en la adquisición del lenguaje. Otros síntomas son hablar mal e invertir las sílabas, y olvidarse de las palabras, especialmente de los nombres de los colores y de los números. Esto ocurre porque no hay una conexión en el lobulillo parietal izquierdo, donde se hace la integración intersensorial con la memoria.

El niño disléxico tampoco escribe bien, porque al no ser capaz de leer, no puede reproducir lo que nunca ha entrado correctamente en el cerebro. Su ortografía es mala y puede confundir las letras *b, p* y *d*, pero esto no es tan importante como se cree. A veces es sólo una etapa del desarrollo.

La dislexia parece ser hereditaria; se presenta más en niños que en niñas y no es una enfermedad. Como he mencionado anteriormente, implica más bien una organización cerebral diferente, que se puede armonizar por medio de programas multisensoriales. El niño disléxico necesita métodos distintos para aprender a leer. Necesita ver, oír, tocar y moverse con las letras de las palabras. La plasticidad del cerebro permite abrir otros canales. El aprendizaje es más difícil, pero se puede lograr. Lo importante es tener un diagnóstico temprano. Cuanto más temprano veamos un problema de lenguaje, mejor será el pronóstico.

No le dé miedo llevar a su niño de tres años a una evaluación fonoaudiológica; con esto puede evitarle una vida de frustración. Muchas personas famosas fueron disléxicas y lograron sobresalir utilizando sus talentos y haciéndole frente a su dificultad.

La inteligencia emocional

Ana tiene sólo 7 años y es la más popular del curso. Todos la quieren pues ella acompaña a sus compañeros cuando están tristes, sabe qué decirles, siempre actúa de la manera correcta y es delicioso estar con ella. Ana tiene una inteligencia emocional superior, lo que la hace una líder natural. Entiende bien sus emociones y además las expresa correctamente dentro de su medio social. En cambio Juan, de 8 años, obtiene buenas calificaciones y es muy aplicado, pero los niños lo rechazan. Juan sólo es capaz de pensar en sí mismo, es hijo único y no sabe cómo compartir con los demás. Habla como un adulto y esto asusta a sus compañeros. Juan parece ser intelectualmente superior en lo académico, pero no en lo emocional.

Si usted pensaba que la inteligencia era sólo la capacidad intelectual está muy equivocado. El concepto de inteligencia ha venido ampliándose. Cada día se investiga y se descubre más sobre este tema. Sabemos con certeza que la sola capacidad intelectual (CI) no es suficiente para explicar el éxito o el fracaso de las personas. Howard Gardner propuso un modelo que define siete inteligencias diferentes. Gardner habla de la inteligencia matemática, de la verbal, la musical, la corporal (la tienen los grandes deportistas), la espacial (los artistas y arquitectos la tienen), la interpersonal (la tienen las personas que son buenas en relaciones públicas) y la intrapersonal (la tienen quienes desarrollan un alto autoconocimiento). Hoy día se habla de la "inteligencia emocional". Este concepto lo introdujo el psicólogo Daniel Goleman, en su libro del mismo nombre. Lo importante de este aporte es ver cómo "las habilidades emocionales" se pueden desarrollar y van a determinar el éxito de un individuo.

Cuando hablamos de inteligencia emocional estamos hablando de la capacidad de conocerse a uno mismo y también de la de relacionarse con los demás. Estos dos factores son clave. Es como si tuviéramos dos cerebros y dos tipos de inteligencia: la racional (conocida como el coeficiente intelectual) y la emocional. Ambas determinan la manera como nos desempeñamos en la vida.

Las habilidades clave de la inteligencia emocional son: la automotivación (tener intereses, querer hacer cosas), la persistencia, el control de los impulsos, la empatía, la esperanza y la capacidad de no permitir que la desesperanza o emoción negativa invada nuestro pensamiento.

Hay personas que tienen las habilidades necesarias para tener éxito social, ser simpáticas y tener carisma. Se conectan fácilmente con las emociones de los otros, son astutas para leer las reacciones y sentimientos de los demás y pueden manejar disputas y conflictos. Son líderes naturales, que pueden expresar las emociones de un grupo y guiarlo hacia sus objetivos. Esto es la inteligencia interpersonal, que sumada a la inteligencia intrapersonal da como resultado a una persona con un excelente equilibrio emotivo.

Hay otras personas que tienen muy poca "capacidad emocional". Son incapaces de entender si están tristes o bravas, no alcanzan a distinguir las emociones y mucho menos su causa. Dicen y hacen cosas impulsivas que molestan, pero ni siquiera se dan cuenta. No parecen ver la correlación entre lo que dicen y hacen y cómo afecta esto a los demás. Se frustran fácilmente, son lo que se llama "malos perdedores". No se reponen rápidamente de una pérdida y por lo tanto sufren mucho. Pueden tener grandes talentos intelectuales, artísticos y deportivos, pero como les hace falta la inteligencia emocional, con frecuencia son mediocres.

Lo que los padres debemos tener en cuenta es que la inteligencia emocional se puede estimular y desarrollar. A un niño se le puede enseñar a esperar su turno, a esperar un premio, a ser amable con los demás, a ponerse en los zapatos del otro, a controlar sus impulsos. Estas habilidades se pueden aprender en el colegio, pero sobre todo los padres las pueden estimular a diario.

En el futuro, sólo quienes sepan manejar sus emociones triunfarán. Los conocimientos en sí ya no serán tan importantes; lo fundamental será saberse comportar y, sobre todo, saber manejar las relaciones en grupo. Por eso tanto los padres como todos los que trabajamos con niños debemos preocuparnos por promover estas habilidades. Hay que cuidar y estimular la "vida afectiva" de los niños y exponerlos desde temprano a estos conceptos. Esto les permitirá desarrollar destrezas sociales como el autocontrol, el autoconocimiento, la expresión de sentimientos y la necesidad de ayudar a los demás, todas esenciales para ser felices.

Pautas para estimular la inteligencia emocional de los niños

1. Enseñarles a expresar sentimientos, preguntándoles a diario, por ejemplo: "Dime algo bueno que te haya pasado hoy". "¿Qué te puso feliz?". "¿Qué te puso triste?"

2. Enseñarles a ponerse en los zapatos del otro: "Si esto te pasara a ti ¿qué harías?"

3. Tener reglas y consecuencias claras, y ser coherente con ellas. Escriba las reglas y colóquelas en un sitio visible.

4. Reflexionar sobre sus propios valores sociales. Recuerde que su ejemplo (la manera como trata a los demás) es lo que su hijo va a imitar.

5. Estimular lo positivo e ignorar lo inadecuado.

6. Estimularlos a tener un hobbie y a realizar las tareas de principio a fin.

La importancia psicológica del juego

Es fundamental que los padres entiendan la importancia del juego. Éste no es sólo un entretenimiento, una recreación o algo para divertirse. El juego cumple una función psicológica. Le permite al niño pequeño expresar sus emociones y temores y además es el inicio de la socialización. Si miramos a cualquier niño del mundo, éste juega más o menos lo mismo en cada etapa del desarrollo: al doctor, al papá y a la mamá, a disfrazarse, con los animales, con los bloques y con las ollas.

El niño infante (12 años) juega mucho solo. Se inventa cosas y deja volar su imaginación. Puede incluso tener un amigo imaginario al que le da nombre y todo. A los 3 años ya está capacitado para jugar con otros pequeños. Hasta ese momento el juego es paralelo al de sus compañeros. Es muy preocupante cuando un niño no juega, pues esto indica que no está haciendo contacto con su interior ni con los objetos exteriores. A través del juego el niño nos muestra que se está desarrollando e interactuando con su medio. Es el inicio del compromiso con las cosas. Un niño que tiene un juego activo es un niño sano.

La tarea principal de la niñez es lograr buenas destrezas en el juego. A través, del juego, el niño logra dominar sus emociones y las sublima. Por ejemplo, si el niño se siente atemorizado por algo, lo más probable es que juegue con algo que exprese su miedo. Por eso, el niño repite y repite el mismo juego hasta que logra dominarlo. Lograr dominar algo le da fuerza psicológica. Todos hemos visto cómo un niño pequeño pide repetir la misma película por los menos unas cincuenta veces. Ésta es su manera de buscar controlar su medio, pues a fuerza de repetir el niño sabe lo que va a ocurrir. Esto le permite predecir y anticipar, lo cual le da al pequeño una grata sensación de tranquilidad y control sobre su mundo.

Los niños mayores juegan a saltar la cuerda, y a las escondidas y juegos de mesa, y es ahí donde verdaderamente se aprende la tolerancia, base esencial para socializar. Esperar el turno, perder, ganar, cooperar y trabajar en equipo es lo que se necesita para convivir con otros. A través del juego, el niño se forma un concepto de sí mismo, de sus fortalezas y sus debilidades. El contacto permanente con niños de su edad le da información invaluable sobre sí mismo con relación a los otros. El juego también le permite competir de una manera protegida.

Como usted puede ver, jugar no es sólo pasar el tiempo. Por el contrario, el juego debe ser fomentado al máximo por los padres. También traer amigos a la casa e ir a la casa de otros es aconsejable y necesario. Sólo a través de estas experiencias, conocen los niños el mundo y ensayan para enfrentarse a lo que viene después. Cuanto más creativo sea un niño en sus juegos mejor. La fantasía ocupa un lugar protagónico en los siete primeros años de vida. Poco a poco desaparece para dar lugar a lo que se llama juicio de realidad. Hasta los seis años, el niño puede confundir el mundo de la fantasía y la realidad. La creatividad, sin embargo, puede y debe permanecer en la realidad. La existencia de la "magia" en la niñez no se olvida nunca y deja huellas maravillosas en nuestra vida. Apoye el juego y entienda su importancia. Sin el juego, sus hijos no podrán crecer sanos.

Artículos sobre disciplina

Castigo, una forma de disciplina

Miles de niños aún son golpeados violentamente por sus padres. Las prohibiciones legales, cuando las hay, no son suficientes para protegerlos, y esta experiencia les deja una huella imborrable y tiende a convertirlos en adultos que hacen lo mismo con sus propios hijos. No conocen nada mejor y además llevan muy arraigado un terrible sentimiento de rabia e inseguridad.

Por otro lado, también hay miles de niños a los cuales sus padres nunca castigan por miedo a "traumatizarlos". Estos niños crecen sin límites, buscando satisfacer sus deseos sin freno. Son los niños sobregratificados, que lo tienen todo y consiguen lo que desean sin ningún esfuerzo. Cuando crecen se convierten en adultos inmaduros y poco productivos, que tampoco pueden ser buenos padres.

El castigo debe ser una consecuencia negativa a algún comportamiento malo o desadaptativo. Es una manera de disciplinar a los niños y debe servir para formarlos y enseñarles límites. Lo ideal es dosificar de una manera sana los castigos y alternarlos con premios, todo dentro de un plan de consecuencias lógicas. No se debe abusar del castigo porque así éste pierde su valor. También es importante alternarlo con gestos de aprobación o refuerzo positivo dentro de un esquema de 1 a 2; por ejemplo, por cada dos aprobaciones se puede pensar en un castigo.

El niño necesita ver las consecuencias de sus actos: "Si haces esto, pasa esto". Todos los niños prueban a sus padres y prueban sus límites, y el castigo es un método de disciplina por medio del cual se le muestra al niño que algo es inaceptable.

Los castigos se pueden dividir en cuatro categorías sencillas:

- El castigo físico
- El que priva de algo placentero y/o hace perder privilegios
- El que humilla y degrada o avergüenza, y
- El castigo que culpa.

Los menos nocivos y más efectivos (dependiendo de la edad) son el físico y el de privación. El físico sólo se debe utilizar cuando la amonestación verbal no permita lograr el efecto deseado. Esto ocurre generalmente cuando el niño es muy pequeño y no asimila todavía las órdenes verbales. Los otros dos no se deben usar, son destructivos y generan rabia, agresión y disminución de la autoestima.

Los castigos deben ser cortos e inmediatos. Por eso una palmada dada en un buen momento puede ser excelente ya que entrega un mensaje claro y no agrede tanto. El castigo debe estar limitado a la acción que se quiere corregir y sólo se debe usar cuando se han ensayado otras alternativas y no han servido. El castigo es beneficioso siempre y cuando se afirme sobre una base de afecto y de aprobación. Además, sirve sólo cuando se cumple, cuando no se cumple únicamente entorpece la relación padre-hijo.

Los castigos verbales que humillan y culpan, o las palizas premeditadas, sólo llenan a los niños de rabia y a los padres de culpa. No producen beneficios reales para nadie. Sirven de desahogo breve, pero transmiten una pésima enseñanza. Lo ideal es lograr el equilibrio entre el castigo, la aprobación y las consecuencias lógicas.

Cuando se castiga a un niño es importante que él sepa por qué está siendo castigado. También es bueno mostrarle el camino correcto. Con el objeto de construir, y no de destruir, hay que ofrecerle una alternativa, decirle cómo sí se pueden hacer las cosas para salir del castigo.

Por otra parte, un castigo nunca debe ser eterno. Debe tener una duración definida y tolerable, y una manera de salir de él; si no se vuelve una prisión, que también desencadena rabia y ganas de agredir.

Ojalá nunca necesitáramos el castigo para disciplinar, pero en la práctica ocurre lo contrario. Encuadrado dentro de unas reglas familiares claras, el castigo es una herramienta formativa. Todos necesitamos aprender que nuestros actos tienen consecuencias, y si al niño no se le enseña esto desde temprano, puede convertirse en un adulto que no está preparado para enfrentar la vida.

Si los padres, profesores y todos los que tienen que ver con niños aplicaran en el justo momento una dosis prudente de corrección o castigo, tendríamos más adultos responsables y ciudadanos más respetuosos y cumplidores de las normas.

Cómo prevenir el maltrato...
en nombre del amor

Los padres pueden maltratar a los hijos. De hecho, pasa con más frecuencia de la que debería. Con la intención de formar y de hacer lo correcto, también se puede maltratar. El maltrato no es necesariamente físico; también se puede maltratar verbalmente o con cualquier otro acto que humille al niño, que lo haga sentir menos, o que lo haga sentir culpable y avergonzado de una manera extrema.

Dar más de dos palmadas, castigar por todo o regañar a los hijos, gritándoles lo inútiles que son, lo mucho que papá trabaja y lo poco que hacen ellos, son formas frecuentes de maltrato. El maltrato continuado daña profundamente al ser humano; por eso, el niño que ha sido castigado constantemente cree que no sirve para nada y termina convirtiéndose en una víctima. Otros niños maltratados terminan por convencerse de que son verdaderamente malos y se vuelven necios y más difíciles de manejar.

De acuerdo con una vieja creencia, para aprender hay que sufrir. Por esta razón, en las generaciones anteriores los padres y maestros acudían al castigo fuerte para formar a los jóvenes. Se pensaba que "la letra sólo con sangre entra". Todavía quedan muchas secuelas de esto y gran cantidad de papás creen que los hijos no van a servir para nada si no los castigan sistemáticamente. Pero recuerde que el castigo puede servir a corto plazo, pero a la larga genera más agresión y violencia. Se puede ser firme sin necesidad de humillar y de maltratar. Cuando el niño se porte mal, puede perder

privilegios, como ver televisión. Si no arregla su cuarto, puede perder uno de sus juguetes pues no supo cuidarlos. No
olvide que el mejor ingrediente del amor es el respeto.

Establecer límites, pero siempre con gran dosis de amor

Todos los seres humanos necesitamos límites, es decir, necesitamos saber dónde y cuándo parar. En la familia, los límites se establecen a través de "reglas". Cada familia debe tener las suyas, de acuerdo con sus creencias y sus prioridades, y no debe haber muchas, porque entonces se amplían las posibilidades de infringirlas. Hay que escoger tres o cuatro reglas básicas que nos permitan convivir y que además sean prioritarias para nosotros. Estas reglas van cambiando a medida que los niños crecen, pero por lo general incluyen las que tienen que ver con los hábitos de higiene, comida, respeto, permisos, etc.

Cuantas menos reglas haya, más fácil será cumplirlas. Por el contrario, cuando una familia tiene muchas reglas el niño se confunde. Los papás tenemos que decidir qué es importante y poner énfasis en eso. No me canso de repetirlo, pues los padres inicialmente somos muy ambiciosos y queremos todo a la vez. Pero no todo es importante al mismo tiempo, y no se puede esperar que un niño siga muchas exigencias juntas. Además, si las reglas son pocas, también son más fáciles de supervisar. Los hábitos de higiene/vestido/comida son básicos, pero, por ejemplo, si el niño de 4 ó 5 años no saluda como usted quisiera, no hay que formarle un pleito por esta razón.

Por otra parte, es fundamental establecer estos límites de manera afectuosa. Para ser firmes, no hay que ser autoritarios. Esto le muestra al niño que sus papás sí saben lo que están haciendo, lo cual se traduce en una gran estabilidad emocional para el menor.

Entonces, a la hora de establecer límites, recuerde:

1. Tenga pocas reglas, pero efectivas.
2. Sea firme y amoroso.
3. Haga lo que dijo. Cúmplale a su hijo y a usted mismo.
4. Mezcle los límites con el amor. Esa es la fórmula perfecta.
5. Sea consistente.
6. No cantaletee.

Las pataletas

Las pataletas o berrinches son una manera extrema de expresar rabia, que los niños usan a veces para manipular, y que con frecuencia terminan convirtiéndose en la manifestación de una lucha de poder. Cuando un niño esté en medio de una pataleta, los padres no se deben involucrar. Deben mantenerse tranquilos y a distancia y sólo decirle en voz firme pero amable: "Cuando estés calmado, hablamos". Esto únicamente hay que decirlo una vez, no hace falta repetirlo. Apenas pase la rabieta, hable con el niño y busque llegar a un acuerdo con él sobre la mejor manera de corregir el comportamiento en cuestión. Y recuerde, es importante cumplir ese acuerdo pues así el niño sabrá a qué atenerse y se sentirá más tranquilo.

Cuando los niños hacen pataletas en sitios públicos los padres se tensionan mucho, pero no hay que preocuparse por lo que los otros piensen. Haga caso omiso del niño y espere a que le pase. Los demás también fueron niños y/o tienen o tuvieron hijos, así que entienden. Usted tiene que hacer lo que es mejor para su hijo y no sucumbir a la presión social.

Los métodos de la disciplina positiva o disciplina con amor recomiendan buscar siempre la causa de las pataletas. Por eso, si su hijo recurre con frecuencia a los berrinches, pregúntese si no habrá en su familia una lucha de poder, donde lo importante es tener la razón. ¿Será que usted, sin darse cuenta, le ha mandado a su hijo el mensaje de que necesita hacer una pataleta para ser escuchado? Si es así, debe proponerse evitar el trato especial alrededor de lo negativo. Refuerce y alabe todo lo positivo que haga el niño y hágale ver que no necesita recurrir a esas actuaciones para llamar la atención. Demuéstrele que él sí es importante para usted, compartiendo un tiempo especial diariamente (pueden ser sólo 10 minutos), y muéstrele con su comportamiento que con las pataletas no consigue nada. Con esta actitud y tres o cuatro veces que haga caso omiso de las rabietas, la posibilidad de que éstas vuelvan a presentarse es casi nula.

Reglas de oro
a la hora de disciplinar[*]

1. Sea firme. Cuando diga algo, cúmplalo.
2. Tenga reglas claras, sean cuales sean. Es importante que no haya exceso de reglas, porque entonces la posibilidad de infringirlas aumenta.
3. Acepte que va a haber conflicto. El conflicto es parte inevitable de la convivencia. Maneje los conflictos cuando esté sereno. No haga nada cuando se sienta invadido por las emociones.
4. Sea paciente. En la crianza éste es un factor clave. El proceso de crecimiento es largo y nada se da tan rápido como quisiéramos.
5. Conózcase y crea en usted mismo.
6. Estimule los esfuerzos de sus hijos, pero también hágales ver sus errores.
7. Recuerde que usted es quien tiene la autoridad, así ellos le obedecerán.
8. Hable sólo lo necesario. No amenace, advierta. Hay una gran diferencia entre ambos. La amenaza no se cumple, mientras que la advertencia es un aviso de algo que sí va a pasar.

---

[*] Estas reglas se inspiran en el modelo de disciplina positiva desarrollado por la psicóloga norteamericana Jane Nelsen.

9. Cree un ambiente de confianza. No mienta ni deje de cumplir lo prometido.
10. Conozca bien a cada hijo para así poder estimular sus talentos y ayudarle con sus defectos.
11. Decida cuáles son sus prioridades y hágalas saber. Si para usted es importante el orden, impóngaselo de una manera firme pero amable.
12. No se asuste con las pataletas. Haga caso omiso de ellas. Sólo preste atención cuando el niño pueda interactuar sin manipulación.

Disciplina: problemas frecuentes y cómo resolverlos

Es muy normal que en la crianza nos veamos enfrentados a problemas diarios de disciplina. Todos los papás del mundo hemos tenido tropiezos a la hora de la comida, a la hora de acostarse, con las tareas, con los permisos y con las peleas entre hermanos. La siguiente es una guía de ayuda para los padres.

A la hora de comer

En especial las mamás vivimos muy preocupadas por la cantidad de comida que ingieren nuestros hijos. Con su pequeño radar, el niño sabe desde muy temprano que puede manejar a la mamá con este tema. Si su hijo come poco, acéptelo, no lo obligue ni vuelva la hora de comer una tragedia. Trate de buscar sabores que le gusten. Llévelo donde el pediatra y asegúrese de que todo esté bien; si es necesario, dele un suplemento vitamínico.

Tenga horarios fijos para las horas de comer. Cuando su niño es pequeño, es normal que riegue la comida. Apenas empiece a comer solo, déjelo y ayúdele con lo que él no pueda. No invente juegos como: "Este bocado por mami, éste por el abuelo" o "Aquí viene el avión", etc.

Cuando el niño esté entre los 3 y 6 años y coma con el resto de la familia, hágalo sentarse a la mesa por un período de 10 minutos. No le permita levantarse antes. Si al cabo de este tiempo no quiere comer, que no lo haga. Déle un refrigerio más tarde. Es importante que la hora de la comida sea un momento agradable, así que no forme un problema si su niño come con las manos o no lo hace con buenas maneras. Muéstrele cómo hacerlo, pero no le dé tanta importancia.

Si por algún motivo las comidas se vuelven una tragedia total, consulte con un experto. En psicología, la comida, "el alimento", representa de manera simbólica el afecto. Ni el afecto ni la comida se pueden imponer, y no se deben volver medio de manipulación. El niño que no recibe alimentos puede tener algo físico, pero también puede ser una reacción a la actitud de los padres. Hoy día los psicólogos vemos con preocupación el crecimiento alarmante de problemas como la obesidad, la bulimia o la anorexia, todos trastornos alimenticios. Al examinar la historia del paciente, con frecuencia encontramos que el problema se remonta a su primera infancia, cuando se le obligaba a comer o se le rogaba que comiese.

A la hora de bañarse y de vestirse

Los rituales de la hora de bañarse, de vestirse y de irse a dormir son necesarios y hay que comenzarlos temprano en la vida de los niños. Por eso, es importantísimo desarrollar rutinas. Hacer todos los días lo mismo, más o menos a la misma hora. Cuando los niños están pequeños hay que ayudarles a bañarse y a vestirse, pero alrededor de los 3 años ya deben empezar a hacerlo solos, con la guía y compañía de los padres.

A la hora del baño los padres no sólo deben decir que es hora, sino que suave pero firmemente deben llevar al niño hacia el baño, abrir la llave e iniciar el baño. Aquí es clave que los papás estén listos para actuar cuando envían un mensaje verbal. Muchos padres gritan desde su cuarto: "Es hora de bañarse". "¡A vestirse!", pero no están dispuestos a ir a acompañar o ayudar al niño.

Si por algún motivo el niño no quiere bañarse y vestirse, se le puede ayudar acortando o simplificando el ritual; que el baño sea más corto o se le ayude más a la hora de vestirse. También, a veces es bueno pasar las rutinas de aseo a las hora de la noche, o dejar la ropa lista desde la víspera.

Hay muchas variaciones en las rutinas, dependiendo de las necesidades de los niños y de la familia. Lo importante es que siempre todo sea grato y lo disfruten ambos. Un despertador también es una buena herramienta para recordar los horarios, tan pronto los niños conozcan las horas.

A la hora de dormir

Tenga una hora exacta para acostar a los niños. Empiece a bajar la actividad media hora antes. Esta media hora es esencial para que los niños se calmen y puedan hacer la transición hacia el sueño. El proceso de acostarlos a dormir es mucho más que dar la orden y es importante entender esto, pues así ustedes como padres no se sentirán frustrados. Ojalá usted pueda estar presente a la hora en que sus hijos se van a la cama. Aproveche el final del día para leerles un cuento o preguntarles cómo les fue. Ese tiempo individual con el niño nutre el vínculo entre usted y su hijo.

Lo esencial en disciplina es no caer en luchas de poder. Por eso si usted tiene un hijo voluntarioso o rebelde, no le dé órdenes tajantes, pues pueden perder ambos. Más bien ofrézcale opciones de escogencia limitada como, por ejemplo, preguntarle a la hora de acostarse cuál pijama prefiere ponerse: ¿La de osos o la de caballos? Al final, el niño escogerá una pijama y terminará por acostarse.

Cuando los niños se pasan a la cama de los padres

Los niños se pasan a la cama de los papás buscando seguridad, pero no es bueno acostumbrarlos a que duerman allí.

Si el niño se pasa en la mitad de la noche porque está desvelado, vuélvalo a llevar a su cama y quédese con él hasta que se vuelva a dormir. A veces puede tener pesadillas fuertes y pasarse a la cama de los papás, y en ese caso lo esencial es "calmarlo", asegurarle que todo está bien y devolverlo a su cama. Ahora bien, si esto pasa con frecuencia, lo mejor es buscar la ayuda de un especialista, pues las pesadillas frecuentes y continuas en los niños son síntoma de que algo anda mal.

Al niño no le hace bien dormir siempre con sus padres. Es una mala costumbre que en últimas lo hace sentir como un intruso en el lecho paterno. Además, nada mejor que darle seguridad a través del mensaje de que él puede dormir solo. Cuando los niños se enferman pueden pasar el día acostados en la cama de sus padres. Esto les da fuerza emocional, pues para el niño no hay nada mejor que la cama del papá y la mamá.

Peleas entre hermanos

Trate de mantenerse alejado de las peleas entre sus hijos. No se convierta en el juez, pues es imposible ser justo en estas situaciones. Dígales: "Dentro de cinco minutos vuelvo y si no han arreglado las cosas, cada uno se va para su cuarto". También, puede usar la estrategia de decirles: "Vuelvan cuando se hayan puesto de acuerdo".

Pase más tiempo con el hijo más agresivo. Si hay uno que inicia siempre las peleas, es porque tal vez está celoso y necesita más atención. Castigar a cada uno por aparte es mejor. Y no olvide cumplir lo que dice. Si dijo que la próxima vez que pelearan usted no los iba a escuchar, hágalo. Si tiene que irse de la casa para no meterse, hágalo.

La obsesión con la televisión

Limite el tiempo que sus hijos ven televisión. Llegue a un acuerdo razonable con ellos y esté listo a poner en práctica las consecuencias anunciadas si no respetan el horario acordado. Una excelente consecuencia es disminuir aún más el tiempo que ven televisión.

Haga que sus hijos planeen con usted qué programas van a ver y, si es posible, vea la televisión con ellos. No los deje ver todo lo que quieran. Como todo en la vida, la televisión debe tener un límite. Hay que saber cuándo prenderla, pero también cuándo apagarla.

El aseo y el cuidado del cuarto y los juguetes

Enséñele a su hijo desde pequeño a guardar los juguetes. Hágalo usted mismo con él cuantas veces sea necesario. Pero si a pesar de esto no logra desarrollar el hábito, piense en sanciones claras y naturales, como quitarle algunos de estos juguetes. El niño entenderá muy rápido el mensaje.

También muéstrele a su hijo que puede recuperar lo perdido. Esto es bien importante para que el niño no desfallezca y tenga una motivación para hacer las cosas bien. Aquí es bueno anotar que todas las estrategias de disciplina requieren muchos ensayos. Ser persistente es la clave del éxito. Muchos padres desisten rápido y piensan que la nueva estrategia tampoco sirvió. Pero antes de desacreditar una estrategia, dele el tiempo suficiente. La crianza se caracteriza por la "repetición", que es la que finalmente instaura los buenos hábitos.

El manejo de los permisos... a diferentes edades

Los permisos son una excelente oportunidad para que los hijos vean que en la vida todo se gana con el buen comportamiento. Son en realidad privilegios y así deben presentarse. Sin embargo, es bueno tener las reglas del juego bien claras y poder así anticiparse a lo que viene.

Una buena regla es que los niños no vayan a las casas de los amigos entre semana. Esto aplica a los niños de edad escolar, pues tienen tareas y otras responsabilidades que cumplir. Las salidas quedan entonces reservadas para los fines de semana. A medida que el niño crece, pueden aumentar los privilegios, pero siempre y cuando él demuestre que sabe manejarlos.

Más sobre disciplina

La disciplina positiva, un excelente modelo para disciplinar

Hoy día se sabe con certeza que la disciplina tiene que ser positiva y constructiva. Varias psicólogas norteamericanas, entre ellas Jane Nelsen y Dorothy Briggs, han trabajado en el desarrollo de estos nuevos modelos. Después de concluir que la fuerza, el autoritarismo y la violencia no sirven, el gran objetivo es lograr que nuestros hijos desarrollen "autodisciplina", la cual les quedará para el resto de su vida. Como padres, entonces, debemos aplicar una disciplina que muestre que somos firmes pero amables. Esta es una combinación difícil pero no imposible.

Tal como afirma Nelsen, la disciplina positiva o con amor siempre se manifiesta a través del respeto. Debemos mostrar respeto por nuestros hijos no violentándolos, para que ellos a su vez nos respeten. La disciplina positiva sostiene que el mejor ingrediente del amor es el respeto. La buena disciplina también implica que el "mensaje de amor" llegue efectivamente a nuestros hijos. Los padres queremos mucho a nuestros hijos, pero en nuestra tarea formadora a veces se nos olvida destacar lo positivo o lo bueno que hacen. La combinación ideal entonces es mostrar amor pero sin dejar de ser firmes. Esto implica ser claros y consistentes, tener reglas fijas y aplicarlas, ser coherentes con lo que decimos y cumplir lo prometido.

Otro elemento esencial de una buena disciplina es que nuestros hijos crean en nosotros. Sobre todo las mamás tendemos a hablar mucho, a amenazar, a prometer y no cumplir lo que decimos. Esto afecta seriamente la credibilidad y por tanto interfiere con la disciplina.

La disciplina positiva cree en la participación activa de los hijos. Desde muy pequeños, hay que estimularlos a que busquen la solución a sus problemas. Ante cualquier situación es bueno preguntarles "por qué" o "para qué haces eso", o "cómo lo vas a manejar", en lugar de resolverles el problema. Como decía Sócrates, la gente aprende sólo a través de preguntas que inventen o estimulen la reflexión interna. La solución de problemas es un hábito que se va desarrollando y que además promueve la independencia.

La disciplina positiva también pone mucho énfasis en la honestidad emocional. Tanto los padres como los hijos deben hablar abiertamente de lo que sienten y perciben. Eso crea un ambiente de confianza y de aceptación.

Por último, las reuniones familiares son igualmente una herramienta útil para criar hijos de manera positiva. Estas reuniones se deben hacer con todos los hijos por lo menos una vez a la semana y se deben tratar temas que preocupen a todos. Siempre se debe tener una "agenda previa", en la cual todos hayan podido anotar sus puntos de discusión. Estas reuniones se deben utilizar para discutir problemas cotidianos: las peleas, el dinero, los celos, etc., y son los padres quienes deben guiarlas, moderando las intervenciones de cada hijo, siempre con el espíritu de buscar soluciones.

Más reglas de oro a la hora de disciplinar[*]

1. Alabe el esfuerzo de sus hijos y no sólo el resultado.
2. Recuerde dar mensajes de aprobación.
3. Trate a sus hijos con respeto.

---

[*] Estas reglas se inspiran en el modelo de disciplina positiva desarrollado por la psicóloga norteamericana Jane Nelsen.

4. Busque siempre los motivos detrás de un mal comportamiento.

5. Asegúrese de que el mensaje de amor le llegue a su hijo.

6. Aprenda a resolver problemas de manera conjunta con su hijo.

7. Cada vez que suceda algo especial, pregúntele a su hijo cómo y por qué sucedió, en lugar de decirlo usted. De ahí nacerán respuestas y soluciones importantes.

8. Tenga metas a corto plazo.

9. Dese un tiempo para reflexionar sobre lo que usted está haciendo con sus hijos.

10. Recuerde que "no hay padres perfectos, ni hijos perfectos".

11. Aprenda a escuchar y aprenda de los errores.

12. Disfrute de un tiempo exclusivo con sus hijos.

Batallas de la adolescencia

La adolescencia es una época de grandes cambios, donde todo lo que veníamos haciendo como padres tiene que dar un giro. Nuestros pequeños se convierten en jóvenes con aspectos físicos y psicológicos distintos. Sus necesidades cambian y tenemos que ajustarnos. El joven busca su identidad y su independencia, mientras nosotros queremos que sigan iguales. Pero esto no es posible debido a que necesitan crecer para llegar a ser autónomos y aquí es donde empiezan las batallas. Ellos luchan por su individualidad, y nosotros por mantener algo de armonía dentro del hogar. Miremos entonces algunas de estas batallas o problemas frecuentes que se presentan en la adolescencia.

Los amigos

Durante la adolescencia, los compañeros se vuelven muy importantes. Como el adolescente no tiene todavía una identidad clara, la busca dentro del grupo de manera casi obsesiva. Así empieza la presión de grupo, que no siempre toma una buena dirección. Por ejemplo, se calcula que dos tercios de los jóvenes sienten presión por parte de sus amigos para ingerir alcohol o tener relaciones sexuales.

También el grupo ejerce mucha presión sobre el joven para que haga lo que hacen los demás. Todos quieren vestirse igual, peinarse igual, escuchar la misma música, etc. Los padres deben manejar todo esto de manera asertiva. Deben pasar por alto cosas como el peinado, el vestido y la música, y prestarle atención a lo verdaderamente importante, como son las malas influencias en cuanto a los hábitos de vida.

Conocer bien al adolescente es esencial, y se conoce bien a un hijo cuando se pasa tiempo con él, escuchándolo y tratando de ponerse en su lugar. Los padres piensan equivocadamente que al ser un joven adulto, el adolescente ya no necesita supervisión. Pero nada más alejado de la verdad. Los adolescentes aún necesitan la supervisión y sobre todo la compañía de sus padres.

Los permisos

Cuando se trata de dar permisos, siempre hay que hacer acuerdos. Los muchachos no pueden salir a todo porque sí. Pónganse de acuerdo en que salgan los sábados o los domingos, pero no los dos días completos; o negocien que un día salgan con los amigos y que otro vengan los amigos a la casa. Ponerle límite a los permisos es lo importante. De la misma manera en que hay hora de salida tiene que haber hora de llegada, según lo que a ustedes como padres les parezca correcto. Hablar con los padres de los amigos de sus hijos también es clave. Esta red de padres debe funcionar muy bien pues entre amigos los jóvenes comparten muchas cosas en la vida.

El alcohol y las drogas

Éstas son dos realidades a las cuales se van a tener que enfrentar nuestros hijos. Hay que hablar mucho con ellos sobre el tema, explicarles las consecuencias y más que nada darles buen ejemplo. Infortunadamente, hoy día los jóvenes empiezan a beber desde muy temprano. Y esto pasa porque los adultos formadores, es decir, los padres, lo permiten. Cada papá debe tener muy claro cómo va a reaccionar cuando un día su hijo de 15 años llegue a casa pasado de copas. Aunque ésta es una decisión muy individual, yo recomiendo tener una profunda charla con él e imponerle una sanción clara por su falta de responsabilidad: "Como no pudiste controlarte en esta fiesta, no podrás salir por un buen tiempo hasta que veamos que estás más fuerte". Al mismo tiempo, es importante averiguar si hay alguna razón de fondo por la cual el muchacho está queriéndose embriagar.

La interacción cotidiana

Los adolescentes no sólo cambian de apariencia física; también necesitan más espacio para ellos solos y oscilan entre largos silencios y gritos desatinados. Los padres siempre se preguntan cómo deben actuar con ellos: ¿Qué hacemos que está tan distraido que nunca presta atención en el colegio? ¿Qué hacemos que ya no nos cuenta nada? Lo primero que hay que hacer es acercarse al adolescente y decirle de manera explícita los cambios que usted ve: "Me he dado cuenta de que ya no quieres estudiar sino oír música todo el día, y eso está afectando tus calificaciones. ¿Qué has pensado hacer?". Cuando usted hace una pregunta, así presenta la situación claramente y abre el espacio para que él empiece a buscar una solución por sí mismo. Esto es lo ideal pues recuerde que la responsabilidad sólo se desarrolla tomando decisiones y ejecutándolas.

Infortunadamente, los papás tenemos dos tendencias opuestas: o nos involucramos demasiado en la vida de los hijos o no participamos para nada. Pero ninguna sirve; lo ideal es encontrar un término medio, donde nuestros hijos desarrollen responsabilidad con el apoyo nuestro.

Reglas de oro para tratar con los adolescentes

1. Respete su privacidad.
2. Supervíselos, pero de manera sutil.
3. Haga acuerdos previos con ellos.

4. Use su sentido del humor, es el mejor antídoto.
5. Entienda que ellos no están peleando contra usted, sino que su agresividad es producto de su confusión interna.
6. Aprenda a escucharlos de manera que se sientan validados y no juzgados.
7. Mantenga una actitud abierta y respetuosa ante ciertas conductas de ellos.
8. Abra un espacio en su casa para que puedan invitar amigos sin sentirse avergonzados o supervigilados.
9. Entienda claramente que esta etapa es pasajera.
10. Dele importancia sólo a lo prioritario y olvídese de las pequeñeces.

Temas varios

Cuando los padres se separan

Es una realidad que muchas parejas se separan hoy día y con frecuencia los más afectados son los hijos. Infortunadamente, con la separación de los padres a muchos niños se les "rompe el mundo en pedazos". Para un niño la unidad de su familia es básica. Al romperse la unidad familiar, se ponen en tela de juicio todos los afectos. "Si papá y mamá se dejaron de querer, ¿no será que también me dejan de querer a mí?" El niño pequeño tiende a sentirse culpable por el rompimiento de sus padres. Por eso, es muy importante aclararle que él no tiene nada que ver en esto. Hay que asegurarle que no es necesario que sea más juicioso o que saque mejores calificaciones. Sus padres se separan por motivos totalmente ajenos a él. En esto los padres deben ser no solamente claros sino explícitos.

De acuerdo con el manual *Mis padres se están divorciando, ¿qué me va a pasar a mí?*, desarrollado por Gary Neuman y Grabrielle Vincent para el Departamento de Educación Continuada del Miami Dade Community College, las cinco etapas del duelo descritas por Elizabeth Kubler Ross se presentan en su totalidad para el niño cuando se rompe el vínculo familiar. Las etapas son negación, ira, negociación, depresión y finalmente aceptación. No necesariamente ocurren en este orden y a veces pueden ser simultáneas.

Por lo general, la negación es la primera reacción de los niños. Piensan que sus padres cambiarán de parecer al día siguiente. Con la negación, los niños se protegen para no sufrir. Con el objeto de contrarrestar la negación y la ansiedad, es importante que los padres se preparen bien antes de comunicarles la noticia a los niños. Tienen que mostrar un "frente unido" y decir cosas como "Tu papá y yo hemos decidido...", "Estamos de acuerdo en que...", "Te seguiremos queriendo y esto no tiene nada que ver contigo". La presencia de ambos padres en esta primera conversación es indispensable.

La siguiente etapa es la ira, la rabia o el resentimiento. En esta etapa los niños tienden a volverse agresivos, verbal y físicamente. Es posible que empiecen a desafiar a sus padres. Están muy enojados tanto con papá como con mamá. La rabia expresada puede ayudar a aliviar la tristeza o la depresión que se presentará más tarde, y por eso hay que permitir que el niño exprese su rabia y aceptársela, utilizando frases como: "Sí, entiendo que estés bravo conmigo".

La tercera etapa es la negociación. Aquí los niños imaginan que los padres se pueden reconciliar y hacen todo lo posible para que así sea. En esta etapa el niño trata de tomar un poco de control sobre lo que está sucediendo. Trata de agradar, busca que sus padres se acerquen, e incluso se porta "superbien" a ver si así logra arreglar las cosas.

Es importante que el niño entienda que la separación es definitiva, y que por muchas cosas que él haga para que sus padres vuelvan a estar juntos, eso no va a suceder.

La cuarta etapa se caracteriza por una gran sensación de pérdida; es la etapa de la depresión. El niño se da cuenta, finalmente, de que la separación es definitiva. Uno de sus padres se va a vivir a otra parte y empieza a hacerle falta. El niño echa de menos los juegos con el padre ausente, aun cuando antes de la separación el tiempo compartido fuera escaso. La cantidad de tiempo que pasaban juntos o el grado de unión que tuviera con el padre que se marchó nada tiene que ver con la intensidad de la pena. El niño siente mucha nostalgia de pensar que sus padres ya no estarán juntos jamás. Se asusta al pensar qué pasará el día de su primera comunión, del grado, etc. Es necesario que los padres permitan que sus hijos expresen la tristeza que les está causando la pérdida de la unidad familar. Hay que dejarlos llorar pero también asegurarles que ustedes siempre estarán con ellos pase lo que pase. "Papá y mamá irán a tu grado juntos", "Seremos tus padres siempre", etc. El niño también experimenta una sensación de pérdida alrededor de la parte económica. Los adolescentes son los que más sienten esto.

La aceptación es la última en llegar. Se va dando de manera paulatina. A algunos niños les puede tomar meses o años. A veces, acontecimientos como la boda de uno de los padres, y/o la mudanza a otra ciudad interrumpen esta etapa. Entonces es posible que el niño vuelva a sentir parte de las etapas anteriores, antes de volverse a adaptar. Por lo general, superar todo el ciclo de duelo toma alrededor de dos años.

Cómo ayudarles a los niños a sobrellevar la separación de los padres[*]

1. Asegúreles que usted quiere que mantengan una buena relación con su ex cónyuge. Y póngalo en práctica efectivamente.
2. Nunca critique a su "ex", ni pelee o discuta con él delante de los niños.
3. Organice un horario de visitas que resulte cómodo y satisfactorio, sobre todo para los niños. Inicialmente, necesitan ver más al padre ausente, para asegurarse de que no va a desaparecer.
4. Jamás utilice a sus hijos como mensajeros o como espías.
5. Demuéstreles todo el amor y comprensión posibles. Tanto ellos como usted van a necesitar mucho apoyo emocional.
6. Déjeles saber que el deseo de ver a sus padres reunidos es natural.

---

[*] Tomado del manual *Mis padres se están divorciando, ¿qué me va a pasar a mí?*, presentado por el Miami Dade Community College.

7. Nunca les pregunte a quién quieren más.
8. No les pregunte con quién quieren vivir. Eso lo deciden los padres y llegan a un acuerdo. Nada más difícil para un niño que poner en juego sus lealtades.
9. Nunca los utilice como confesores o psicólogos. Busque a alguien apropiado para desahogarse.
10. Lea con sus hijos acerca de la separación. Háganlo juntos y por separado. Cuanto más sepan sobre el tema, mejor lo manejarán.

Después de la separación: la nueva vida

Uno de los aspectos más difíciles de la separación de los padres es que el niño ya no podrá vivir sino con uno de ellos. Al otro sólo lo verá de vez en cuando. Por eso, las salidas con el padre ausente tienen muchísima importancia en la etapa posterior a la separación. Los padres deben ser cuidadosos y planearlas de una manera estricta y puntual. Las siguientes son algunas sugerencias para evitar problemas, tomadas nuevamente del manual *Mis padres se están divorciando, ¿qué me va a pasar a mí?*, presentado por el Miami Dade Community College:

1. Anote en un calendario grande —que el niño pueda ver— las fechas de las salidas. Saber con anticipación cuándo verá a su padre ausente le disminuirá la angustia y lo llenará de tranquilidad.

2. Asegúrese de que los momentos que pasen juntos sean valiosos y agradables; en algunas oportunidades, puede ser conveniente que el niño escoja lo que vayan a hacer. Recuerde que lo fundamental es "compartir" un tiempo y un espacio juntos: para algunos niños puede ser suficiente ver televisión en brazos de su padre. Asegúrese también de que el pequeño se sienta ilusionado con la próxima visita.

3. Con los niños más pequeños son mejores las salidas cortas pero frecuentes. La ida donde papá cada dos semanas le parecerá una eternidad al niño menor de seis años. Es mejor verlo semanalmente por ratos, aunque estos sean breves. Desde luego, aunque las visitas sean cortas, también tienen que hacerse dentro de una programación.

4. Si alguna vez el niño decide que no quiere salir, no reaccione negativamente. Al principio es difícil para los niños alternar entre un padre y otro. En algunos casos, cada ida y venida les revive el dolor de la separación y por eso prefieren evitarlas.

Hable con sus hijos, acepte que están confundidos, y permítales que por ese día no se vean, pero prométanse que la próxima vez sí harán un programa maravilloso. Sea intuitivo y escuche por qué no quieren salir. Si hay que hacer un cambio, hágalo pero insístale a su hijo sobre la importancia de las visitas. Nunca dejen pasar un tiempo prolongado sin verse. Esto hace mucho daño, pues llena al niño de rabia contra el padre ausente.

5. No deje que sean los niños los que controlen los horarios de las salidas; esto es función de los padres. En el caso de los hijos mayores, sí es conveniente consultarles ocasionalmente, porque ya tienen una vida social propia.

Es bueno que los niños sepan que el horario establecido debe respetarse, pues si se permite que manipulen las visitas, encontrarán formas aún más complejas de manejar a papá y mamá.

6. En muchos casos, al principio hay que obligar a los niños, especialmente a los menores de cinco años, a salir con el padre ausente. Esas primeras salidas pueden causarles temor, como cuando van al colegio por primera vez. A veces necesitan un pequeño empujón de los padres y es importante que en estos casos papá y mamá actúen de común acuerdo.

Por el contrario, a los niños mayores de cinco años nunca se les debe obligar a salir con el padre ausente. Es preferible esperar a que el niño se tranquilice y volver por él más tarde, dándole así un tiempo para pensarlo mejor.

7. Si tiene problemas con un niño que no quiere visitar al padre ausente, permítale que invite a un primo o a un amigo cercano para que se sienta más a gusto.

8. Como regla de oro, nunca interfiera con los métodos de disciplina de su excónyuge. Si su hijo llama a ponerle quejas porque "papá o mamá no me deja salir" o "no me da

tal o cual permiso", su respuesta invariablemente debe ser: "Debes obedecer a tu papá o a tu mamá". Asegúrese de que su ex cónyuge haga lo mismo en el caso contrario, y de esta manera su hijo siempre recibirá mensajes claros de ambos padres.

9. Nunca falte o llegue tarde a una cita previamente concertada con su hijo. Especialmente los pequeños tienden a sentirse rechazados cuando esto sucede y empiezan a desconfiar de nuevo de aquel padre que no cumple. Si definitivamente no puede llegar, nunca deje de avisarle.

10. Si un niño se niega totalmente a ver al padre ausente con cierta regularidad, busque ayuda profesional.

La sexualidad de los hijos.
¿Cómo manejarla?

La sexualidad es una parte natural y necesaria de la vida; sin embargo, a los padres a veces no nos queda fácil lidiar con la sexualidad de nuestros hijos. Quizás esto se debe en parte a que en el pasado poco se hablaba del tema y por lo tanto no sabemos cómo abordarlo. Lo primero entonces es conocer ciertas características básicas de la sexualidad infantil.

En los niños, la sexualidad no tiene una finalidad reproductiva y los órganos genitales no están plenamente desarrollados. El nivel de las hormonas es muy bajo y el deseo sexual como tal no aparece hasta la pubertad. El placer sexual en los niños es diferente, porque es difuso y se experimenta en todo el cuerpo. La principal fuente de estímulo es el tacto. Hay comportamientos normales como tocarse los genitales, tener juegos sexuales y exhibir el cuerpo. Muchos de estos comportamientos aparecen por curiosidad o por imitación.

En la niñez, se define la identidad sexual y se aprende el papel del género. Todos los niños juegan con su cuerpo y buscan experimentar en un momento dado. Si esto ocurre dentro de parámetros normales, no hay que prestarle mucha atención, pero sí es bueno enseñarle al niño el valor de su cuerpo y la importancia de la privacidad a la hora de tocar sus genitales. No se debe enviar el mensaje de que es malo "tocarse", sino más bien enseñarle cuándo es adecuado hacerlo. El respeto por el cuerpo se debe mostrar con el ejemplo y también de manera explícita.

Para hablar con los hijos sobre la sexualidad se deben aprovechar las oportunidades que se presenten en la vida cotidiana, y siempre hacerlo con una clara conciencia de que estamos transmitiendo valores. También debemos contestar las preguntas que hagan con un lenguaje honesto y apropiado. Habrá momentos en que nosotros como padres debemos propiciar este diálogo pues vemos que nuestros hijos lo pueden estar necesitando. Debemos mostrarles cuál es nuestra posición personal con respecto al sexo. Por ejemplo, si vemos algo en la televisión que no nos parece adecuado, debemos pronunciarnos sobre el tema.

Si tenemos una relación abierta y de confianza con nuestros hijos, alrededor de los 6 ó 7 años, ellos comenzarán a hacer preguntas con respecto a cómo nacen los niños y a las relaciones sexuales. Existen excelentes libros que nos pueden apoyar en esta tarea. Si un papá se siente muy incómodo hablando sobre el tema, puede buscar ayuda.

A medida que crecen los hijos, debemos estar preparados para mostrarles cómo creemos que debe ser el curso normal de su sexualidad. Hablar con ellos sobre el "sexo responsable", la edad a la que se pueden comenzar las relaciones sexuales, etc. Nuestro ejemplo tendrá una influencia importantísima en esta enseñanza. Si los niños ven en sus padres a unos buenos modelos, lo más seguro es que ellos también sean capaces de asumir su sexualidad de manera afectuosa, seria y, sobre todo, responsable. Con los niños, la sexualidad se debe manejar "sin misterio", con mensajes claros y con un lenguaje preciso. Ellos mismos nos irán dando la pauta, ya sea con sus preguntas o con sus actuaciones. También es importante no sobreexponer a nuestros preadolescentes o adolescentes a excesos de estímulos sexuales. Infortunadamente, esto ocurre con frecuencia sobre todo en los medios masivos de comunicación. Los jóvenes aún tienen un control precario sobre su sexualidad y la exposición frecuente puede convertirlo en un problema imposible de manejar. En la pubertad, también es importante tener en cuenta que la "autoestimulación" o masturbación es normal, y es esencial hablar con los niños de este tema y ayudarles a no sentirse culpables.

La autoestima juega un papel primordial en la sexualidad. Un niño con una buena autoestima tiene muy poco riesgo de caer en situaciones excesivas o maltratantes. De la misma manera, tener un buen conocimiento de sí mismos y un buen manejo de las emociones contribuirá a que los jóvenes tomen decisiones correctas en su vida sexual.

La autoestima

Si algo queremos lograr todos los padres es que nuestros hijos desarrollen una buena autoestima. Tener una buena autoestima asegura que nuestro hijo sea feliz. Una buena autoestima se basa en que uno se quiere a sí mismo, en la medida en que se valora y se cuida y se nutre a través de toda la vida. La autoestima empieza a desarrollarse desde muy temprano y todas las vivencias influyen en ella. Nosotros como padres tenemos una injerencia significativa en la formación de la autoestima. El niño que se siente querido y aceptado generalmente tiene experiencias positivas que lo llevan a la conclusión de que él es merecedor de afecto. Pero también hay niños que sienten que estorban, que mamá y papá se ponen bravos con frecuencia con ellos, y que las otras personas siempre les critican algo.

Las experiencias diarias se van acumulando y le van dando información al niño sobre sí mismo. Constantemente los niños toman "minidecisiones" sobre sí mismos con base en las interacciones con los demás. Si pesan más las interacciones positivas, el niño decidirá que él sí es valioso y desarrollará una alta autoestima. Por el contrario, si hay muchas interacciones negativas el niño terminará por creer que él no sirve y su autoestima será baja.

Una alta autoestima es la fuerza emocional que todos necesitamos para crecer sanos. Se desarrolla cotidianamente y la disponibilidad de los padres es crucial. La presencia constante de los padres le manda al niño el siguiente mensaje: "Yo soy lo suficientemente importante para que mi papá me preste atención y quiera estar conmigo". De ahí la importancia de pasar un tiempo individual con cada hijo. Escucharlo sin juzgarlo también le indica al niño que es aceptado tal como es. Compartir experiencias con los hijos y hablar de los problemas de ambos también contribuye a desarrollar una buena autoestima.

Para asegurar una buena autoestima también es necesario que los padres aprendan a reconocer los esfuerzos que hacen los hijos y que no se fijen sólo en el resultado final. La estimulación permanente de los padres les brinda esperanza y confianza en sí mismos.

Un niño necesita saber que se puede cuidar solo, que puede manejar la mayoría de los problemas de su casa y del colegio, que sus ideas/opiniones o decisiones cuentan, que puede pensar y funcionar solo y que puede arriesgarse. Si como padres logramos reforzar estas ideas en nuestros hijos, ellos podrán crecer con una buena autoestima.

Los valores dentro de la familia

Los valores son aquellas creencias y principios que moldean nuestra vida. Con nuestro comportamiento diario, mostramos a qué le damos valor.

Los valores son esenciales a la hora de tomar decisiones, y además se reflejan en nuestra relación con los demás. Enseñarles a nuestros hijos a formar sus valores es una de las tareas más importantes que tenemos como padres. Los niños no nacen con sus valores ya definidos. Los padres somos los primeros maestros de valores. Nuestros hijos van a aprender de nuestro ejemplo y de nuestras palabras. Al preguntarles a los padres qué valores quisieran inculcarles a sus hijos, todos son ambiciosos. Quieren que sus hijos sean generosos, honestos, respetuosos, responsables, disciplinados…

Su objetivo entonces debe ser lograr educar a su hijo para que entienda estos valores, crea en ellos y los ponga en práctica en su vida diaria. Los valores se enseñan desde siempre, pero es bueno, especialmente hoy día, ser más explícito. Explíquele a su hijo por qué sus valores son importantes para usted y muéstrele con sus acciones cómo los practica. Hágale caer en cuenta a diario cómo lo que uno hace afecta a los otros. ¡Enséñele la empatía y la comprensión!

Una manera de transmitirles valores a los hijos es leyendo con ellos historias o cuentos que tengan ejemplos claros del bien y el mal. También se pueden enseñar formalmente los valores a través de discusiones familiares donde se les explica a los niños de manera concreta cuáles son los valores de la familia y por qué. Tenga en cuenta que la mayor fuente de aprendizaje de su hijo es usted, así que sea siempre honesto, admita sus errores, hable de la importancia de ser amable con los demás y sea amable con los demás. Descríbale a su hijo situaciones en las cuales se pongan a prueba valores como la honestidad (explíquele, por ejemplo, que cuando a uno le dan más cambio debe devolver el excedente) o el respeto y la solidaridad.

El buen ejemplo es fundamental, pero también hay que estimular los comportamientos que se valoran. Este estímulo puede ser más poderoso que cualquier ejemplo. Tanto comportamientos positivos "imitados" como aquellos comportamientos espontáneos que sean valiosos deben ser estimulados. Elogiar un gesto amable o un acto responsable es de gran valor para nuestros hijos. Lo vital es que las personas importantes en la vida del niño resalten los comportamientos "valiosos" y los estimulen constantemente. Los sermones sobre valores sirven poco porque se olvidan fácilmente. Es la actuación cotidiana la que determina los valores.

En esta época difícil y caótica, es más necesario que nunca enseñar valores de manera explícita. Los padres tenemos el deber de definir muy claramente cuáles son nuestras prioridades éticas y ponerlas en acción. Pero recuerde, al comunicar valores es esencial elogiar el comportamiento valioso de manera clara. Cuando su hijo haga algo que a usted le agrada y que es adecuado, felicítelo de manera específica; dígale: "Me gustó mucho la manera como ayudaste a tu hermana. Es un gesto muy generoso de tu parte, te felicito". Luego dígale la razón por la cual su comportamiento es valioso: "Te estabas portando como un buen hermano y una persona generosa". Si además, después de este intercambio pasan un rato agradable juntos, esta asociación hará que el valor que usted quiere enseñar quede anclado en el cerebro de su hijo.

La espiritualidad y nuestros hijos

La mayor parte de los niños nace en un hogar en el que se profesa alguna religión. La religión es la manera en que se representa la espiritualidad. Para cada persona es diferente y esto es muy respetable. Sin embargo, estas diferencias no deben impedir que les enseñemos a nuestros hijos nuestras creencias básicas. Desde la primera infancia, hay que exponerlos a nuestros ritos y a nuestras prácticas. Hay que presentarles a un "Dios" grande y generoso, que está a su lado en los buenos y en los malos momentos. Es importante tener en cuenta que estas enseñanzas se deben transmitir de manera atractiva y agradable, para que se fije en ellos un recuerdo grato sobre la religión que se profesaba en su familia. También es necesario mostrarles cómo la moral es una extensión de nuestras creencias religiosas.

La espiritualidad se aprende a través de la participación activa del niño. No obstante, los padres a veces somos un poco laxos con los hijos en cuanto a la religión; pensamos que como están pequeños no se les debe obligar a nada. Pero la única manera en que el ser humano aprende es a través del conocimiento y la experiencia propia; por eso es esencial darles la oportunidad de aprender sobre los dogmas de su religión y de asistir a los ritos correspondientes.

Muchos niños se asustan con todo eso del pecado, de la existencia del diablo y de los castigos que recibirán por portarse mal. Los padres debemos evitar perpetuar estos mitos y en lugar de eso presentarles a nuestros hijos una espiritualidad buena y amable. Hay que hablarles sobre Dios, los ángeles y los santos. Contarles historias de la Biblia y de los otros libros sagrados. La manera como les presentemos la religión será determinante para el futuro de ellos.

Hay otros dos elementos fundamentales que los padres debemos tener en cuenta a la hora de transmitirles a nuestros hijos nuestros principios religiosos. En primer lugar, en la práctica de los ritos se debe tener disciplina; así les enseñaremos el valor de la consistencia, la perseverancia y la fe. Y en segundo lugar, debe haber una conexión clara entre la religión y lo cotidiano. La espiritualidad no debe ser una actividad sólo de los domingos o los sábados, sino de todos los días. El niño debe ver que la religión es práctica y necesaria.

He visto a través de los años que muchos niños crecen sin ningún contacto religioso y esto les hace daño, especialmente en los momentos de adversidad. El ser humano necesita una presencia espiritual para poder enfrentar la vida. Si por alguna razón los padres profesan religiones diferentes, enséñenle a su hijo las dos, pero no caigan en el error de no enseñarle ninguna. Cuando el niño sea más grande, él mismo decidirá con cuál quiere quedarse. Expónganlo a ambos ritos y cuéntenle mucho sobre sus religiones. Privar a los hijos de una dimensión espiritual es quitarles una oportunidad de desarrollo y felicidad.

El duelo y los niños; cómo manejarlo

Los niños reaccionan a la muerte de un ser querido de diferentes formas dependiendo de su edad. De acuerdo con las investigaciones sobre duelo, el niño menor de dos años no entiende lo que significa la muerte, pero sí responde con llanto e irritabilidad ante la pérdida de un ser cercano. Su reacción es directamente proporcional a la de los adultos que lo rodean. El niño puede dejar de comer, se le puede alterar el genio y su comportamiento en general puede cambiar. Es importante estar cerca de él y tratar de no variar mucho sus rutinas para mantener dentro de lo posible la mayor normalidad.

El niño de tres a seis años tiene una mejor percepción de la muerte, pero piensa que ésta es reversible. No entiende muy bien aún el concepto de tiempo e incorpora fácilmente el pensamiento mágico. Puede pensar que algo que él hizo fue la causa de que ese ser querido muriera y sentirse culpable. Exhibe comportamientos regresivos ante el dolor; puede chuparse el dedo, volverse a orinar en el día o en la noche, tener pataletas o miedo a estar solo. En estos casos, los especialistas recomiendan asegurarle que él no tuvo nada que ver con lo sucedido y ayudarle a través del juego y la pintura a expresar lo que siente. Si el niño vio algo que lo afectó profundamente, como en el caso de una muerte violenta, será necesaria una terapia de juego, en la cual recree la situación muchas veces, con la ayuda de un terapeuta especializado. Recuerde que en los momentos de pérdida y duelo el niño necesita muchísima seguridad y afecto de los adultos que lo rodean.

Entre los seis y los nueve años, el niño entiende por primera vez el significado de la muerte. También puede entender de manera más detallada las circunstancias en las que murió una persona. Sin embargo, a veces puede pensar que la muerte es contagiosa y asociarla con el sueño, y empezar a temer su propia muerte o la de un ser querido. En esta edad un niño es capaz de consolar y sentir empatía. Los especialistas recomiendan la terapia de juego, o simplemente permitirle recrear lo sucedido, por ejemplo a través de la conversación. Dependiendo de la relación del niño con la persona desaparecida, este proceso de duelo puede tomar entre seis meses y un año.

Entre los nueve y los doce años, el niño ve la muerte en su dimensión real. Puede tener emociones y sentimientos intensos de rabia y culpa, y tiende a aislarse de los demás y a esconder sus emociones. Se da cuenta de las consecuencias reales de la muerte y se preocupa enormemente por lo que va a pasar en el futuro.

Por último, el adolescente entiende la muerte como algo inevitable y como parte de la vida. Tiene una actitud un poco arrogante y se siente capaz de vencer hasta a la muerte. Se siente incómodo con el dolor y la angustia que le provoca una pérdida. Puede reaccionar de manera exagerada, bien sea con mucho dolor, con mucha rabia o con una negación total. También reacciona cuidando a los demás o volviéndose agresivo.

¿Qué pueden hacer los padres para ayudarles a los hijos a elaborar el duelo por la muerte de un ser querido?

La siguiente es una lista de recomendaciones tomadas de diversos manuales para el manejo del duelo:

1. Estar a su lado, dándoles apoyo.
2. Hacerles entender que los síntomas físicos pueden ser parte del duelo.
3. Darles respuestas honestas a sus preguntas.
4. Ayudarles a entender que la rabia también es parte del duelo.

5. Hablar abiertamente sobre los recuerdos, tanto los buenos como los malos.
6. Hacerles ver que ellos no tuvieron la culpa de nada.
7. Mostrarles a través del ejemplo que el llanto y la tristeza son normales en estas situaciones.
8. Estar disponible para resolver sus inquietudes.
9. Hacerles entender que el dolor puede interferir con su capacidad de concentración, y que esto puede afectar su ejecución escolar por un tiempo.
10. Propiciar expresiones de su dolor. Ayudarles a despedirse de la persona, escribiéndole una carta, por ejemplo, o pintándole un dibujo o como el niño lo quiera hacer.
11. Permitirles asistir a las ceremonias de despedida. En el caso de niños pequeños, si ellos no quieren ir, es mejor dejarlos en casa.
12. Entender que un proceso de duelo se demora y que cada persona lo maneja a su manera. Respetar las diferencias individuales y no comparar el comportamiento de un niño con otro.
13. Escucharlos con atención, pero más que nada con el corazón.
14. Manifestarles su apoyo y su amor incondicional.

Diferencias entre niños y niñas

Entre los niños y las niñas hay grandes diferencias. Ya se sabe que su cerebro se desarrolla a un ritmo diferente. Los hombres, por un lado, tienden a ser más fuertes en la parte motora, se mueven más y se demoran más en la adquisición del lenguaje. Las niñas son más verbales y en general tienen un desarrollo más rápido que los varones. Las niñas tienden a ser más maduras y a tener una gran sensibilidad emocional. Los niños son más claros en sus afectos y no se enredan tanto emocionalmente como las niñas.

Una familia de sólo varones es muy distinta a una de sólo niñas. Aunque todos pasan por etapas similares, se crea un "clima" más masculino o más femenino, dependiendo de sus integrantes. En la familia de varones, habrá menos discusiones orales pero más conflictos físicos. El hombre tiende a hablar menos de sus emociones y a expresarlas más bien con actos físicos o con bromas. Desde que nace, el niño varón prefiere juegos más activos, de gran movimiento y en los que pueda mostrar su coordinación motora.

Las niñas, por otro lado, prefieren los juegos con menos movimiento y más verbales. Obviamente, hay excepciones, pero éste tiende a ser un patrón general. Los niños varones tienden a preocuparse menos por su apariencia, les gusta ensuciarse y toman mayores riesgos físicos. Las niñas manifiestan más preocupación por la manera como se ven, tienden a ser más ordenadas y se cuidan más de tener tropiezos físicos. Las niñas también tienden a ser más sensibles a las expresiones emocionales, y con frecuencia se quejan de que alguien las "miró feo", cosa que por lo general no hacen los niños.

Las diferencias culturales también se ven desde muy temprano. El niño se identifica rápidamente con la figura masculina y la imita. La niña hace lo mismo con la figura femenina, que, por lo general, es su madre. Unos y otras tienden a adoptar los gestos y las actitudes de sus padres.

Alrededor de los cuatro años, las diferencias se acentúan. El niño varón pasa por la etapa denominada "complejo de Edipo", en la cual le gustaría tener a su madre para él solo, y ve al papá como un rival. Este conflicto se puede superar con facilidad cuando el niño ve en su padre una figura atractiva con la cual quisiera identificarse. Pero con frecuencia la madre es una figura más fuerte y atractiva que el padre y esto dificulta la superación del conflicto. Lo mismo sucede con la niña y el padre. Este momento es crucial para lograr una identidad sexual idónea.

El desarrollo de la niña en los primeros años es más rápido, pero alrededor de los 15, el varón empieza a alcanzarla. El joven logra una mayor integración desde ese momento y más adelante es igual o más maduro que la niña. Dicen que por esta razón las niñas son mejores estudiantes en la primaria y luego los muchachos las superan. Por otra parte, los muchachos tienden a ser más lógicos y analíticos que las niñas. Esto también se debe a las diferencias morfológicas en su cerebro.

Es bueno conocer las diferencias de género a la hora de criar. La manera como se aplica la disciplina varía dependiendo de si sus hijos son hombres o mujeres. Por ejemplo, al muchacho no le afecta tanto el tono de voz. Las niñas son más sensibles y pueden sentirse insultadas o agredidas por cosas más sutiles. Es importante tener en cuenta que la diferencia de género afecta la manera como se aplica la disciplina, pero no debe afectar el contenido. Piense por ejemplo en el caso de los permisos. Por lo general, estos varían mucho dependiendo de si el hijo es hombre o mujer. ¿Cómo va a manejarlo usted? He aquí una reflexión interesante, que cobrará especial vigencia cuando sus hijos entren en la adolescencia.

El hijo único

Hoy día existen muchas parejas con un solo hijo. Algunos han escogido esta situación y a otros les tocó así. Cualquiera que sea el caso, hay que prepararse. El hijo único recibe toda la intensidad afectiva de ambos padres. Esto es maravilloso pero a veces puede ser difícil de manejar. Muchos hijos a veces sienten una gran presión de sus padres y quieren complacerlos a toda costa. Esto los inhibe y los angustia. Muchas veces no pueden desarrollarse como quisieran ya que sus papás tienen otros planes para ellos. Esto es especialmente cierto en el caso de padres dominantes y perfeccionistas. Quieren tener un hijo casi perfecto y esta carga es muy pesada para cualquier ser humano.

Por otro lado, el hijo único recibe mucha más estimulación de sus padres y no tiene que compartir el afecto con ningún hermano. Algunos hijos únicos, gracias a toda esta atención afectiva y constructiva, crecen y son personas muy equilibradas y exitosas. Todo depende del manejo que se le dé al hijo único. Obviamente influye muchísimo la personalidad de los padres y el estilo del niño. Hay combinaciones excelentes al igual que otras fatales. El ser hijo único trae ventajas y desventajas. Aprender a compartir no es fácil ya que no lo practica a diario. Es bueno promover experiencias de este tipo con su hijo único. Si no, al crecer puede volverse un ser egoísta que espera que todo gire a su alrededor. Sin embargo, también vemos muchos hijos únicos generosos y tolerantes. Nuevamente, esto depende de las múltiples variables ya mencionadas.

Si pudiese elegir no tendría un hijo único. La experiencia de convivir con hermanos, de compartir el afecto del padre y la madre y de compartir experiencias familiares es única. Ojalá todos la pudieran tener.

Para tener un hijo único hay que prepararse de manera más cuidadosa. Las siguientes recomendaciones podrían ayudarle:

1. Conózcase bien. Si usted es muy intenso y perfeccionista, busque ayuda para no asfixiar a su único hijo.
2. Acepte a su hijo y entienda que él no puede ser todo a la vez.
3. Tenga proyectos propios para no sobreinvolucrarse con él.
4. Enséñele a compartir. Invite amigos y parientes con frecuencia. También déjelo salir a compartir con otros.
5. No se extralimite en nada. Reflexione con frecuencia sobre cómo lo está criando.
6. Dele un espacio y también tenga su propio espacio.
7. En general, trate de que su vida sea como la de cualquier otro niño. Fíjese cómo los otros padres con más hijos se relacionan con ellos.
8. No lo sobreproteja, para que así pueda desarrollarse armoniosamente.
9. No le permita volverse rígido y temático. Sea un modelo de flexibilidad y tolerancia.
10. Gócelo, ojalá puedan disfrutar juntos.

Temores

Los temores son inherentes a los seres humanos. Los niños, especialmente los más pequeños, pasan por etapas en las que se vuelven más temerosos. Esto es normal, pero los miedos no deben ser exagerados. El niño o la niña que presente miedos frecuentes y a muchas cosas necesita ayuda psicológica. Las siguientes son preguntas que he oído con frecuencia y que ilustran lo que pasa con los temores de los niños en las distintas edades:

Mi hijo de 4 años empieza a presentar temores, se asusta con frecuencia, le tiene miedo a los payasos, a quedarse solo, etc. ¿Cómo debo manejar esta situación?

Los temores se despiertan alrededor de los tres o cuatro años. Los niños inteligentes tienden a ser más temerosos. Parece que a esta edad el niño se empieza a dar cuenta de su propia vulnerabilidad y de los peligros externos. El temor es una señal de alerta, que le ayuda al ser humano a protegerse de los peligros. Usted debe tranquilizar al niño, pero también debe respetarle su miedo, validando lo que siente. Son frecuentes el miedo a la oscuridad, a las personas disfrazadas, a las agujas, a quedarse solos, al mar, etc. Pero no se preocupe, normalmente estos temores irán pasando.

Mi hijo de 7 años habla de la muerte con frecuencia. ¿Qué debo hacer?

A los siete años, el niño adquiere conciencia de que la muerte es permanente. Al darse cuenta de esto, empieza a angustiarse ante la posibilidad de su propia muerte o de perder a un ser querido. Usted debe dejarlo hablar sobre sus inquietudes. También debe tranquilizarlo y explicarle de la mejor manera posible qué es la muerte. Existen varios libros sobre cómo hablarles a los niños de la muerte. Todos se centran en el concepto de que somos parte de la naturaleza y que, como las flores, nacemos y morimos. La idea de que hay un tiempo para todo los ayuda a entender un poco más.

Sin embargo, esta inquietud alrededor de la muerte debe ser pasajera. Si persiste, hay que prestarle atención pues puede ser síntoma de la presencia de un malestar más profundo, como la sensación de abandono.

¿Qué hago con mi hijo de 10 años que continúa teniéndole miedo a muchas cosas?

No rechace a su hijo por sus temores. Consulte con un especialista, pues tal vez su hijo tenga un desequilibrio químico que lo haga más propenso a la angustia, o se encuentre infeliz por alguna otra razón.

La relajación ayuda mucho al niño con miedos. La validación de sus temores también es muy útil. El niño necesita que sus padres crean en él a pesar de sus miedos, y que le suministren herramientas con las cuales pueda luchar contra sus temores.

Nuestros niños, la violencia y los medios

El aumento de la agresividad en el mundo es un hecho. Los medios reflejan esta realidad de manera cotidiana y sistemática, y a veces magnificada. Los detalles cada vez son más importantes y todos estos actos horripilantes son el foco de atención. La violencia se ha vuelto la gran protagonista. Miles de estudios han demostrado claramente la relación directa que existe entre la exposición a la violencia a través de los medios, incluyendo los videojuegos, y el aumento de la agresividad. Esto no pasa porque el público sea incapaz de diferenciar entre la realidad y la fantasía, sino porque estos mensajes ultraviolentos emplean técnicas psicológicas de desensibilización y condicionamiento, que terminan por enseñar o por lo menos reafirmar los actos agresivos.

Más grave aún, ahora la violencia también se asocia con el placer y el entretenimiento. En el caso de los videojuegos, por ejemplo, se premia al más agresivo. Esto sumado a la agresión normal diaria que tienen nuestros hijos, más la violencia cotidiana reflejada en nuestra televisión, provoca que se interiorice un mensaje exagerado de violencia. Nuestros adolescentes y niños pasan innumerables horas viendo películas de acción o terror, en las cuales se muestran, con toda clase de detalles, escenas de muertes, de peleas y de actos repulsivos.

Y es un hecho que los niños aprenden a imitar lo que ven. Tenemos en la televisión un medio poderoso, una herramienta maravillosa para enseñar lo que queramos, pero tenemos que tener cuidado con las cosas que ven nuestros hijos. El hecho de que no todos los jóvenes experimenten consecuencias funestas, no quiere decir que la presencia de tanta violencia en los medios masivos de comunicación no sea peligrosa. Nuestros niños y jóvenes están aprendiendo a diario patrones erróneos de cómo manejar los problemas.

Es responsabilidad de toda la comunidad (programadores, padres y profesores) preocuparse por este tema. No se puede permitir que el cerebro de nuestros hijos se intoxique y se sature de agresividad. Queremos que vean y entiendan la realidad que los rodea, pero para crecer sanos también necesitan un espacio para la fantasía.

La buena comunicación hace falta a cualquier edad

Intercambiar ideas, hablar y escuchar son los elementos de la comunicación. Pero ¿cuál es la esencia de una buena comunicación entre padres e hijos? La respuesta está en "saber escuchar", o mejor, escuchar para entender la realidad de la otra persona. Esto nos lleva al concepto de "empatía", que es clave para lograr una buena comunicación. Empatía es ponerse en la situación del otro. En el caso de nuestros hijos, antes de juzgar es bueno que nos metamos en sus zapatos y nos acordemos de lo que sentimos nosotros cuando éramos niños.

Para establecer una buena comunicación con nuestros hijos, debemos hacer que se sientan aceptados, lo cual se logra validando sus sentimientos. Esto significa percibir y reconocer los sentimientos que hay detrás de las palabras a través de lo que se conoce como "escucha reflexiva". Así, por ejemplo, si un hijo nos cuenta que sacó una mala nota, no debemos juzgarlo sino decirle algo como: "Veo que te sientes mal por esta nota" o "Siempre que sacas mala nota te pones triste". De esta manera, el padre refleja el sentimiento que el niño quiere expresar y lo valida, y más adelante podrá ayudarlo a buscarle solución a su problema escolar.

La validación de lo que el niño siente lo hace sentirse aceptado y querido. Cuando un hijo nos cuenta algo, debemos entender que para él ese asunto es vital, aunque a nosotros nos parezca trivial. Nunca se debe subestimar el problema, sino más bien hacerle ver que entendemos y respetamos sus sentimientos.

Este tipo de comunicación en la cual se escuchan los sentimientos hace que se desarrolle un buen nivel de confianza entre padres e hijos. Para mantener la credibilidad con nuestros hijos, es importante la privacidad de las comunicaciones; si un niño nos cuenta algo y nos pide mantenerlo en secreto, debemos cumplirle lo prometido. Para los niños es muy grave que se ventilen sus asuntos delante de los demás. ¡No lo perdonan con facilidad!

Por otra parte, los mensajes de confianza tienen que llegar de manera continua, y no sólo con palabras sino también con actuaciones. Si queremos que nuestro hijo se sienta escuchado, debemos mostrarle nuestro interés también con gestos y con toda nuestra actitud corporal. Por esta razón, es bueno tener un espacio especial para estar con él y además estar siempre disponible.

Ponernos en su situación le hace ver cuánto lo queremos comprender. Por el contrario, cuando se siente juzgado sin haber sido escuchado, se rompe la comunicación y el niño deja de compartir por temor a ser juzgado. Por eso, es fundamental crear un ambiente de confianza absoluta, en el que reine la empatía. Sólo así lograremos una comunicación real y efectiva, que contribuirá a la creación de un vínculo casi indestructible.

La timidez

La timidez puede ser un rasgo de personalidad heredado.

Hay niños tímidos porque su personalidad es más bien introvertida. Son callados y observadores. Esto está bien, pero hay que ayudarlos a que salgan de su concha. La timidez siempre esconde un poco de inseguridad y a veces baja autoestima. Al niño tímido que además es temeroso hay que prestarle especial atención; algo le debe estar pasando pues sufre en silencio. Por alguna razón, le da miedo expresarse. Así que hay que ayudarle a vencer el obstáculo que ello representa. Hay que exponerlo poco a poco a aquellas cosas que le dan miedo y brindarle grandes cantidades de estímulos positivos y de mensajes aprobatorios. Parece ser que además es un niño que no entiende bien el medio social y percibe amenazas donde no las hay, así que todos sus esfuerzos deben ser reconocidos por sus padres y por los otros miembros de la familia. Si tiene algún talento, apóyelo para que así empiece a creer en sí mismo.

Los grados de timidez son importantes. Una timidez leve y ocasional es bastante frecuente y puede ocurrir sin que sea motivo de preocupación alguna. La timidez moderada ya es algo más estructural y se vuelve un patrón de relación para el niño. Hay que combatir esta timidez pues indica inseguridades y dificultades en el manejo asertivo de la vida. La timidez excesiva generalmente también es crónica y paraliza al niño o al joven. Estos son los que nunca logran expresarse, y tienen problemas de represión serios. Es muy importante que los padres y maestros ayuden al niño a superar esta timidez extrema; ya que ésta lleva rápidamente al aislamiento y aumenta los problemas de autoestima.

La timidez ocasional es normal sobre todo ante circunstancias desconocidas. Casi todos los niños en diferentes etapas de la vida pasan por un período de timidez. Se ve mucho por ejemplo en los adolescentes, que ante tantos cambios físicos y emocionales se desajustan y se ponen "tímidos". La "timidez crónica" es otra historia y hay que prestarle atención. Si el niño además es temeroso y sufre excesivamente por esto, usted debe buscar ayuda profesional para ayudarle a vencer su inseguridad. Cuanto más pronto se empiece a enfrentar este problema, mejor será el pronóstico.

La timidez también es un mecanismo de defensa que utiliza el niño cuando se siente inseguro frente a una situación de alto riesgo o que le causa temor. El niño puede ponerse "tímido" porque siente que este rol pasivo le ayuda a no enfrentar lo que lo asusta.

La timidez no debe confundirse con depresión ni falta de motivación. Lo que sí es cierto es que al niño tímido hay que estimularlo muchísimo porque la timidez no le va a permitir hacer todas aquellas cosas que desearía. La timidez lo puede convertir en un niño frustrado que fácilmente puede llenarse de desesperanza, además de que puede desarrollar una autoestima muy baja debido a que continuamente va a tener la sensación de no haber logrado ningún objetivo.

La ansiedad que acompaña a la timidez excesiva es otro motivo de preocupación. Esta ansiedad generalmente es la que paraliza al joven y poco a poco le va confirmando que él "no sirve para nada". Al cabo de los años, esto se convierte en un círculo vicioso del cual es difícil salir.

En conclusión, si su hijo es tímido, y más si lo es en grado extremo, usted debe ayudarlo, estimulándolo diariamente y dándole apoyo en su inteligencia social, si no su timidez se puede convertir en su peor enemigo. Ayúdelo a socializar gradualmente, comparta tiempo especial y único con su hijo, y sobre todo valide sus pensamientos y creencias, hasta que poco a poco él mismo desarrolle esa confianza en sí mismo que tanta falta le hace.

El juego, una especie
en vía de extinción

Los niños de hoy son diferentes a los de antes. El mundo ha cambiado y esto se refleja en nuestros niños.

He tomado del texto *Paradojas de nuestro tiempo*, de Sai Baba, unos pensamientos que reflejan lo que ha pasado con el mundo:

- Gastamos mucho más y tenemos menos.
- Tenemos más comodidades, pero menos conocimiento.
- Más medicinas, pero menos tranquilidad.
- Carreteras más anchas, pero puntos de vista más estrechos.
- Más gente graduada y menos sentido común.
- Vemos demasiada televisión y rezamos con menos frecuencia.
- Hemos multiplicado nuestras posesiones y reducido nuestros valores.
- Hemos conquistado el espacio externo, pero no el espacio interno del corazón.
- Hemos aprendido a ir de prisa, pero no sabemos esperar.
- Hemos añadido años a la vida, pero no vida a los años.

Los niños tienen hoy acceso a información rápida, tienen vidas cómodas con computadores y televisión, y esto puede provocar la pérdida de la habilidad y la sabiduría para relacionarse con los demás. La televisión se convirtió en la compañera de los niños, dejando de lado a los amigos y los juegos callejeros, al igual que los de mesa.

Ya que en nuestra sociedad hay cada vez menos espacio para jugar con los otros y el juego es tan importante en el desarrollo infantil, como lo vimos anteriormente, es básico fomentar los juegos en grupo, en los cuales hay que esperar el turno, y donde también se pierde y sólo a veces se gana. Hace falta el juego continuado con los amigos del barrio o del parque, porque son esos juegos los que dan a los niños un tesoro invaluable: la seguridad de pertenecer a un grupo en el cual son aceptados a lo largo de los años. Como vimos, los juegos también les enseñan a los niños a esperar, a ser tolerantes con las dificultades ajenas, a perder, a acompañar, a ayudar, en fin, a ser leales con su grupo de amigos. Esa vinculación a un grupo eleva la autoestima y da seguridad.

Hoy día es afortunado el niño que tiene algunas de estas oportunidades, pues la mayoría pasa el tiempo viendo televisión, y algunos jugando nintendo o "chateando" en el computador. A excepción de los deportes, estos son los hábitos de recreación más comunes de esta generación, y esto es preocupante porque en la medida en que se trata de actividades solitarias, los niños se están aislando de sus amistades y se les dificulta establecer vínculos fuertes.

Los padres y los educadores debemos trabajar para que nuestros niños y nuestros adolescentes vuelvan a jugar. Hay que rescatar el monopolio, el scrabble, el bingo, la estrella china, los juegos de cartas y tantos otros juegos de mesa que cumplen la función de desarrollar la tolerancia y la cooperación. También hay que volver a hacer que, desde pequeños, los niños se reúnan en grupos por lo menos de a tres, para que tengan una verdadera interacción que les sirva de ejercicio de convivencia. El escenario ideal es el aire libre, el parque, el jardín, pero también sirve el recreo de un colegio pequeño o la sala de cualquier casa.

Los adultos tenemos que dirigir nuevamente a los niños hacia el juego, porque infortunadamente es un hábito que se está perdiendo. Tal vez los juegos de mesa y los juegos de grupo, como saltar la cuerda, las escondidas, la golosa o rayuela y otros deberían ser obligatorios en el programa escolar. Así, el colegio podría promover y enseñar el juego de manera explícita, y recuperar el espacio del recreo. Desde luego, esta labor debe ir acompañada y apoyada por el trabajo de los padres, quienes deben ser guías y promotores del juego en sus hogares. Sólo así nuestra juventud pasará de ser egoísta, intolerante y centrada en sí misma, a ser tolerante, paciente y colaboradora.

Prepare a sus hijos para tener éxito en la vida

De acuerdo con un artículo de la revista *Time,* aparecido en diciembre de 1998, se han identificado tres factores que parecen necesarios para tener éxito en la vida.

El primero es aprender a relacionarse con los demás. Una de las lecciones urgentes que necesitan aprender nuestros hijos es cómo relacionarse con los demás. Desde muy pequeños, deben aprender a pensar en sus emociones. Por las noches, antes de acostarlos, pregúnteles qué cosa buena les pasó en el día. Así se forma el hábito de entender lo que se siente, lo cual inmediatamente afecta las relaciones con los demás. Hay que mostrarles que las emociones son un eje esencial en nuestra vida. Lo que uno siente por uno mismo y por los demás determina nuestro éxito en las relaciones interpersonales. Relacionarse bien con los demás tener buenos amigos y sentirse parte de un grupo da mucha fuerza en la vida.

Los padres tenemos una responsabilidad grande en esta área pues somos las primeras personas con las cuales nuestros hijos establecen una relación afectiva. Si la relación es positiva, enriquecedora y honesta, lo más seguro es que el niño se relacione de la misma manera con los demás. Hay que tener en cuenta que hay niños que tienen menos habilidades sociales que otros. Se les dificulta manejar sus emociones, dicen y hacen cosas equivocadas, en fin, son torpes en materia social. Estos niños van a necesitar apoyo de sus padres en el desarrollo de estas destrezas.

De tal manera, los padres tenemos que ayudarles a nuestros hijos a desarrollarse socioemocionalmente, a entender lo que sienten, a controlar sus impulsos, a lograr acuerdos con nosotros y con sus amigos, a ponerse en la situación del otro, y finalmente a ser tolerantes con los demás. Creo que esta tarea es prioritaria, pues un joven que tenga un buen manejo de sus relaciones sociales va a ser exitoso en la vida y seguramente feliz, porque va a entender lo que es "conectarse" emocional y afectivamente con los demás.

El segundo factor necesario para tener éxito es aprender a manejar el tiempo. Sea buen modelo para sus hijos en esto, ya que este hábito se aprende temprano y más que nada a través de las rutinas del hogar. Mientras más claridad haya en las rutinas diarias mejor, pues así el niño aprende a valorar el tiempo, aprende el valor del cumplimiento y de la exactitud. Tener en casa rutinas claras y horarios regulares es un excelente inicio en el aprendizaje del manejo del tiempo.

Los niños aprenden lo que ven; enséñeles a planear y a organizar su tiempo, no los atafague con actividades desde pequeños. Escoja una actividad, deporte o pasatiempo y sáquela adelante; no permita que sus hijos cambien de actividad continuamente. Enséñeles a comprometerse con las cosas, y así a desarrollar continuidad y constancia, ingredientes esenciales para el éxito profesional.

Enséñeles a sus hijos a preocuparse por lo importante y no sólo por lo urgente. Planee los días con ellos; los niños aprenden a sentir el paso del tiempo con más precisión después de los siete años, así que aproveche esta etapa para que aprendan a manejar su propio tiempo. Hacerles ver cuánto tiempo necesita para cada actividad es importante: ¿Cuánto se demoran en la ducha? ¿Vistiéndose? ¿Comiendo? Hay que explicarles todo. Exigirles puntualidad es bueno: "Es hora de comer, quiere decir que hay que hacerlo ya, no dentro de un rato". Premiar y reforzar la puntualidad también ayuda a los niños a entender la importancia de este hábito, y al mismo tiempo usted les estará enseñando una lección valiosísima para el futuro.

A medida que crecen, el uso de una agenda o un cuaderno para organizar el día es muy útil. Hay personas muy capaces pero sin ninguna habilidad para organizarse, que pasan por la vida sin hacer ni dejar huella. Para un buen manejo del tiempo, hay que aprender a tener prioridades y, por lo tanto, aprender a tomar decisiones. Los padres deben mostrarles a sus hijos cómo ellos pueden tomar decisiones sanas alrededor del tiempo; enseñarles que es uno quien debe controlar el tiempo y no al revés. "Tiempo perdido, vida perdida", dice Sai Baba, un sabio hindú.

El tercer factor necesario para tener éxito es aprender a manejar el dinero. Esto debe empezar alrededor de los seis años, cuando se les debe dar una "mesada" semanal para que ellos la administren. La mesada debe ser suficiente para permitirles ahorrar un poco. Nuevamente el ejemplo y la repetición diaria son muy importantes. Muéstreles a sus hijos cuáles son las prioridades a la hora de gastar. No les dé todo lo que pidan, aunque tenga la manera de hacerlo. Ojalá pudieran trabajar y ganarse su propio dinero en las vacaciones. Manejar el dinero propio desde temprano es clave. A medida que crecen, puede darles dinero sólo una vez al mes y que sean ellos quienes decidan en qué lo gastan. Si hay una suma previamente acordada, hay que respetarla. También es importante que no los rescate si no les alcanza el dinero, porque se lo gastaron el primer día. Déjelos aprender de sus errores y así empezarán a darse cuenta de las consecuencias de su desorden y de los gastos inadecuados. La próxima vez manejarán mejor el tiempo y el dinero.

Éstas son algunas enseñanzas esenciales que todos podemos dejarles como legado a nuestros hijos, porque formarán los cimientos de lo que ellos quieran hacer en la vida.

Se quiere a los hijos por igual, pero de que hay preferidos, los hay...

Los padres queremos a todos los hijos por igual, es decir, es el mismo amor para cada uno. Lo que pasa es que los seres humanos tenemos estilos y personalidades diferentes y existen mejores conexiones entre algunas personas. Eso pasa siempre. Existen personas con las cuales se establece una "química" inmediata y hay otras con las cuales no hay empatía y la comunicación se dificulta. Esto también puede pasar con nuestros hijos. Los hijos son como son, cada uno con su personalidad y estilo, y por lo tanto hay hijos con los cuales todo se facilita. Pero también hay otros con los cuales la relación es difícil. ¿Qué me pasa con este niño? ¿Por qué me pongo tan bravo? La clave es aceptar que esto no tiene nada que ver con el amor, sino con las distintas personalidades.

Hasta hace un tiempo, nadie hablaba de esto, aunque todo el mundo lo hubiese experimentado. Sin embargo, ahora sí se validan las preferencias de los padres. Cuando hay más de un hijo, con frecuencia, los padres inconscientemente le van asignando distintos papeles a cada uno, tomando en cuenta su personalidad y sus talentos. Esto es inevitable. Y claro, siempre hay un hijo con quien un padre se siente más cómodo porque siente más empatía.

Hablar de preferencias es antipático, así que mejor hablemos de afinidades. Con ciertos hijos hay más afinidad y con otros no tanto, pero nada altera el amor que se siente. El vínculo que se establece con cada hijo es único porque corresponde a las necesidades de cada personalidad. Hay hijos que necesitan más proximidad física y otros que necesitan más diálogo.

Las tareas escolares: una oportunidad de aprendizaje para padres e hijos

Por estos días, las tareas escolares se han vuelto el "coco": largas, aburridoras, fatigantes y a veces sin ningún propósito aparente. Sin embargo, las tareas escolares tienen varios objetivos claros: repasar lo aprendido, preparar al estudiante para el día siguiente de clases y desarrollar destrezas que le permitirán mejores niveles de pensamiento y aprendizaje. Es imposible que el estudiante aprenda todo lo que necesita en el salón de clase. De ahí nace la necesidad de las tareas. Nunca deben convertirse en una tortura ni en pérdida de tiempo.

Las tareas también les sirven a los maestros como retroalimentación de lo que el niño está haciendo bien y lo que necesita más refuerzo.

La ayuda y supervisión de los padres es crucial. Por un lado, une en la mente del niño al colegio con la casa. Cuando los padres apoyan a los hijos en sus tareas, los niños muestran más interés en el aprendizaje en general, aprenden más porque entienden mejor el concepto, sacan mejores calificaciones, aprenden a ser responsables y tienen más éxito a lo largo de la vida, debido a que desarrollan buenos hábitos de estudio y luego de trabajo.

Usted no tiene que ser un experto en educación para apoyar a sus hijos con las tareas. Lo que sí tiene que hacer es organizar un sitio de estudio que sea cómodo, con buena luz y tener horarios regulares para hacer las tareas. Estos horarios deben ser escogidos con base en la cantidad de tareas que tengan sus hijos, y dependiendo del momento del día en que usted pueda estar ahí. A veces es bueno decirles que empiecen antes de que usted llegue y que luego las revisan juntos. La televisión y la música no tienen cabida a la hora de hacer las tareas.

Nunca, por ningún motivo, les haga las tareas. Sólo recuérdeles la hora de empezar, organícelos, esté ahí para contestar preguntas, y a través de preguntas, muéstreles recursos que ellos mismos pueden utilizar para completar exitosamente la tarea.

Mantenga una buena disposición a la hora de hacer las tareas. Motívelos, premie el esfuerzo y muéstreles que los errores son oportunidades para aprender. Si usted se "desespera" por la actitud de alguno de sus hijos ante las tareas, aléjese por un rato y permita que alguien más le ayude. Si la actitud negativa persiste, busque el motivo por el cual su hijo presenta este comportamiento negativo. Algo anda mal, así que tiene que buscar la solución. Muchas veces detrás de esta actitud se esconde un problema más serio de aprendizaje, que puede tener solución siempre y cuando se lo enfrente a tiempo. No dude en contactar al maestro de su hijo. Todas las investigaciones recientes muestran que los niños que reciben apoyo escolar de sus padres desarrollan buenos hábitos de estudio.

Tenga en cuenta que su participación puede darle a su hijo herramientas importantes como la planeación de sus deberes, hacer una buena reseña, estudiar para exámenes y ver que el estudio puede ser una aventura maravillosa y no una tortura. Ayúdele a su hijo a tener éxito en el colegio para que también sea exitoso en la vida.

Algunos problemas frecuentes con las tareas y cómo solucionarlos

¿Qué hago si mi hijo me dice que ya terminó las tareas en el colegio?

Pídale que se las muestre. Y de todos modos, póngalo a hacer otra cosa durante este período de tiempo dedicado a las tareas. Va a "hacer tareas" en ese momento, aunque las haya terminado en el colegio. Las rutinas mandan.

¿Qué hago si mi hijo no hace las tareas nunca?

Sea firme y claro en que hará tareas todos los días. No acepte excusas. Tener expectativas claras traerá buenos resultados con el tiempo.

Quítele privilegios, por ejemplo, no le permita ver televisión hasta que haga las tareas. Y además, averigüe qué pasa. Puede existir un problema de fondo; tal vez su hijo tiene miedo a fracasar por algo.

La agresión entre niños y jóvenes, un maltrato en aumento

Vemos con preocupación la manera como se tratan muchos jóvenes hoy día. Son rudos, agresivos y crueles entre sí. Su lenguaje es soez y su actitud, francamente beligerante. En sus interacciones, se ha perdido casi por completo la cortesía, la amabilidad y la tolerancia. Los estudiosos, los tímidos, los que tienen problemas de aprendizaje o alguna incapacidad física, los extranjeros y los talentosos, son con frecuencia víctimas de los demás. Los jóvenes quieren que todos sean iguales, pero lo malo es que se nivelan por lo bajo. Los populares son los necios, los irreverentes, los audaces, los payasos del curso, los que beben alcohol y los que hablan y pegan duro. Por otro lado, también hay un grupo, que es la mayoría, que se deja llevar por unos cuantos líderes negativos. Y la presión del grupo es tan fuerte, que estos también terminan por maltratar a los demás sin saber bien por qué.

Los adultos no podemos quedarnos indiferentes cuando vemos esto a nuestro alrededor. Debemos actuar y lo primero es crear en los jóvenes conciencia de este fenómeno y transmitirles el mensaje de que es totalmente inaceptable. Tanto en el colegio como en la casa, profesores y padres deben permanecer alerta e intervenir de manera rápida y sistemática cuando observen comportamientos agresivos entre los jóvenes. Es importante hacerles ver el daño que estos abusos causan en la autoestima de los demás y presentarles alternativas positivas de relacionarse. Hay que enseñarles a meterse en los zapatos de los demás y sentir por un momento el dolor o la humillación que estas agresiones causan.

Estudios recientes muestran que, por lo general, los jóvenes que adoptan este tipo de comportamiento agresivo tienen problemas familiares serios o problemas psicológicos, como inseguridad, depresión o baja autoestima. También aquellos que se convierten en víctimas tienden a sufrir de los mismos problemas, y ambos requieren ayuda psicológica profesional. Por eso, es fundamental unir esfuerzos entre el colegio y la casa para detener a tiempo este tipo de comportamientos patológicos y prestarles a los jóvenes la asistencia necesaria. Los papás podemos contribuir dando buen ejemplo con nuestro propio comportamiento y condenando las actividades agresivas de manera tajante, y los colegios pueden hacerlo desarrollando programas masivos en los que se vuelvan a rescatar los valores positivos y las buenas maneras.

Las peleas

Cuando los hijos pelean en exceso entre ellos, es señal de que algo no anda del todo bien. Probablemente, están detectando que hay demostraciones de favoritismo hacia algún hijo, y en un intento por recibir más afecto o más atención, tratan de equilibrar la balanza mostrándoles a los padres, a través de conflictos, que ellos tienen la razón. Ahí nacen las peleas. Tal vez papá o mamá, o en algunos casos ambos, estén prestándole más atención temporalmente al más pequeño o al más desvalido, y los otros hijos reclaman, como sólo ellos saben hacerlo, con el fin de captar la atención de sus padres.

La convivencia y la intimidad también causan roces. En este caso, las peleas entre hermanos son naturales, pero cuando son tan frecuentes que invaden totalmente la vida familiar y en la casa no se habla de otra cosa, es importante hacer una investigación y buscar el fondo del problema.

Los padres debemos entender que las peleas excesivas son una manifestación de que el niño está percibiendo una situación que lo preocupa. Siente que no lo quieren igual o que quieren más a su hermano por ser más pequeño o más travieso. Por lo general, esto no es cierto, pero así lo percibe el niño y por eso empieza a pelear buscando protagonismo, y en últimas, buscando amor.

Si sus hijos pelean en exceso, pregúntese qué pasa en su casa y cómo puede equilibrar las cargas para que ellos se sientan igualmente queridos. Analice profundamente su estilo de relación con cada uno; con seguridad, ahí hallará la respuesta.

Rótulos
y comparaciones

Dentro de casi todas las familias, vamos a encontrar hijos "rotulados". Está el "inteligente", el "fuerte", el "tímido", el "perezoso", el "buena vida", etc. Los padres debemos tener mucho cuidado y no caer en esa vieja trampa. Cada hijo tiene una serie de características, pero no hay que encasillarlos de tal manera que después zafarse de ellas sea imposible. Lo peor es que los "rótulos" dados por los padres definen la imagen que un niño tiene de sí mismo, y esta imagen va a determinar sus actuaciones y motivaciones. Un "rótulo" es muy poderoso. Crearlo es muy fácil, pero quitárselo es una tarea que puede tomar años.

Tenga mucho cuidado de no hablar en términos "absolutos" con relación a sus hijos. Expresiones como "éste sí va a ser el científico", "éste salió malo para los negocios" o "éste es flojo como él solo", son terriblemente dañinas. El niño termina por creerse todo lo que oye de manera reiterada. Si tiene un hijo que es especialmente necio, trate de no hablar tanto de sus travesuras. Lo único que esto hace es acrecentar el problema. El niño no sólo recibe más atención por ser necio, sino que se acostumbra a portarse mal para recibir atención.

Las comparaciones son igual de nocivas. En las familias, se suelen hacer comparaciones todo el tiempo, casi que a nivel inconsciente: "Estos hermanos cómo son de diferentes", "Fulana es la honesta y Sutana, la trabajadora", "Tú no pareces hijo de tu papá que era tan trabajador", "Tu hermano nunca hablaría así". Comparar a los hijos lo único que logra es sembrar conflicto. Los hermanos siempre compiten por el amor de sus padres y esto los hace especialmente sensibles a las comparaciones.

Sé que es difícil no "rotular" y no "comparar", pero recomiendo no hacerlo. Muchos hemos visto el daño irreparable que los rótulos y las comparaciones les han ocasionado a personas de nuestra generación, y a veces a nosotros mismos. Por eso, no debemos repetir una tendencia que ya sabemos que no sirve. Haga un esfuerzo serio por aceptar a cada hijo como es, con sus defectos y virtudes. Recuerde que no hay hijos perfectos.

Por otra parte, es muy importante estimular cualquier talento que tengan sus hijos. Mire el lado positivo de cada uno y no se quede sólo tratando de corregir los defectos. En sus manos está el que sus hijos tengan la posibilidad de desarrollar su potencial y de no quedarse encasillados en rótulos que les impidan crecer libremente.

Cuando los niños se enferman

Los niños se enferman con cierta frecuencia, lo que no sólo tiene un impacto en su cuerpo sino también en su ánimo y en su estado psicológico. El niño enfermo puede ponerse irritable o triste, así que es importante tratarlo con mucha consideración. Estos cuidados especiales el niño no los olvidará nunca. Cuando están enfermos, los pequeños necesitan más seguridad que nunca. Si su hijo se enferma, no lo deje solo. Un adulto debe estar vigilando los síntomas físicos, al igual que los emocionales. Explíquele al niño lo que le pasa y asegúrele que usted estará ahí y que su dolencia es pasajera.

Si un niño tiene una enfermedad crónica es bueno explicarle lo que pasa, para que él también ayude en su cuidado. Obviamente las explicaciones deben ser sencillas, de manera que él las entienda.

La hospitalización de un niño también requiere preparación previa, así que hablar con él antes de llevarlo al hospital es clave. En el caso de una cirugía, ojalá el niño pueda conocer bien al médico y a las enfermeras antes de la operación. Hay que prepararlo para que se sienta lo más cómodo posible; por ejemplo, permítale llevar algunos juguetes y lleve usted mismo objetos familiares, pues sirven como símbolos de seguridad y esperanza. Una experiencia negativa con el hospital y los médicos puede ser muy traumática para un niño. Si hay que aplicarle anestesia general, el padre o la madre deben estar presentes hasta que se duerma.

Cuando un niño tiene un accidente y hay que suturarlo o enyesarlo, los papás deben estar presentes, validando sus sentimientos y dándole fuerzas para soportar el dolor. Contarle un cuento o ponerle música que le gusta también sirve para tranquilizarlo. Hay niños más ansiosos que otros y esto se debe respetar. No hay que hacerlos sentir mal porque tengan miedo. Nuestro deber como padres es acompañarlos y así contribuir a que la experiencia no sea tan dolorosa. Una presencia afectuosa permanente es el mejor regalo que les podemos dar a nuestros hijos cuando se enferman.

La recuperación también puede ser difícil de manejar. El niño pequeño que se enferma con un fuerte resfriado y recibe muchas atenciones queda acostumbrado a ellas. Que vuelva a dormir en su cuarto, y mostrarle en general que todo volvió a la normalidad, no es tarea fácil. Muchos niños tienden a asociar la enfermedad con atención y si esto ocurre hay que tener especial cuidado. Es importante mostrarles que la recuperación de una enfermedad es grata no sólo por el bienestar físico recuperado, sino porque pueden recibir atención sin necesidad de estar enfermos. Esto hay que hablarlo de manera clara y explícita. Frases como: "Veo que piensas que sólo estando enfermo te presto atención, pero también te puedo querer mucho cuando estás bien" o "Te acostumbraste a dormir conmigo porque te sentías mal, pero eso ya pasó y ya no necesitas ese cuidado", son las que debe utilizar para hacerle más fácil a su hijo el regreso a la normalidad.

Las vacaciones

Todas las familias esperamos con alegría las vacaciones. Las vemos como un oasis de descanso, tan merecido para todos. Sin embargo, la sorpresa es grande cuando salimos por primera vez a vacaciones con nuestros hijos pequeños y éstas no resultan ni tan maravillosas ni tan especiales, sino más bien un desastre.

Por esto resulta importante redefinir el concepto de "vacaciones". Las vacaciones en general significan un cambio de actividad, una ruptura de la rutina, un descanso de lo que venimos haciendo, pero de ninguna manera significan "no hacer nada". Para muchas personas, sin embargo, vacaciones e inactividad son sinónimos. Creo que de ahí viene el problema. Los nuevos padres son tal vez los que más diferencias encuentran al ir de vacaciones por primera vez con un hijo a bordo. El cambio de rutinas hace que los niños se vuelvan más irritables. Esto sumado al cambio en la comida puede producir una baja en las defensas y el niño se puede enfermar. Por eso es bueno llevarle ciertas comidas y juguetes conocidos para que no extrañe tanto. También es útil tratar en lo posible de respetar las rutinas.

Muchas parejas pelean y se desesperan durante las vacaciones. No están acostumbradas a pasar tanto tiempo juntas e inicialmente se desequilibra la relación. Todo esto puede terminar siendo un caos, pero no si se sabe de antemano que algo así puede pasar y uno se prepara adecuadamente. En primer lugar, se deben ajustar las expectativas; luego, buscar un sitio seguro para los niños; en tercer lugar, se puede considerar la posibilidad de ir en compañía de otras parejas que tengan hijos de la misma edad, y por último, planear vacaciones de corta duración. Es preferible tomar varias vacaciones cortas, que unas largas que pueden acabar con la familia.

Es importante entonces acordarse del verdadero significado de las vacaciones. Son un cambio de actividad y ojalá usted pueda hacer que este cambio sea positivo para todos. Las vacaciones escolares también deben ser aprovechadas para que los hijos cambien de panorama y hagan otras cosas. Véalas como una buena oportunidad para aprender juegos nuevos, tomar clases de algo que siempre quiso, leer, en fin, no cometa el error de desaprovecharlas porque no son como usted se las imaginaba.

Las celebraciones,
época de gran significado psicológico

Como dice Bruno Bettelheim, en su libro *No hay padres perfectos,* las celebraciones como la Navidad son un acontecimiento mágico. La Navidad, por ejemplo, es mágica porque ofrece la oportunidad de empezar de nuevo, de celebrar el nacimiento de un niño y el renacimiento del mundo. Las luces del árbol de Navidad son símbolo de un nuevo sol que traerá luz y el goce de una vida nueva. Los regalos que el niño recibe simbolizan los "dones" de los tres Reyes Magos. La Navidad es tan importante en la vida del niño que deja una huella imborrable. ¡Quién de nosotros no se acuerda de esa sensación grata y de inmenso bienestar que nos dejaba la Navidad cuando éramos pequeños! No hay un niño en el mundo al que no le parezca interminable la espera de la Navidad.

En Navidad, los niños son el centro de atención y esto los hace sentir especiales. Cada año necesitan de esta magia positiva para "nutrirse" emocionalmente. Los regalos que reciben son símbolos materiales que les reafirman el afecto de sus seres queridos y les demuestran que son personas valiosas. La repetición regular de estas festividades les garantiza que siguen siendo importantes. Las festividades, como la Navidad o el cumpleaños, son para los niños los momentos más destacados del año. Una buena celebración les permite organizar su vida afectiva alrededor de estos acontecimientos felices. Por eso, es fundamental celebrar estas fechas.

Las cenas familiares también tienen una función especial para los niños, porque les recuerdan que son parte de un núcleo familiar fuerte. En caso de que falte uno de los padres, los niños sienten la protección de sus otros parientes al ver a la familia reunida. Esta seguridad afectiva es necesaria para ellos, pues necesitan combatir el miedo al abandono que todos llevamos dentro. La comida abundante también proporciona seguridad y les recuerda que no les faltará comida ni afecto nunca.

El Niño Dios y el Papá Noel son figuras en las cuales los niños necesitan creer hasta los 9 o los 10 años más o menos. Es importante entonces permitirles creer que alguna de estas dos figuras míticas portadoras de regalos llegará en Nochebuena a visitarlos. Cuando están pequeños, los niños necesitan el apoyo de la magia para poder hacerle frente a la vida. Las explicaciones racionales no les sirven y, por eso, cuando se despoja a las festividades de su magia, se pierden los efectos emocionales tranquilizadores.

También hay que fomentar las tradiciones familiares que caracterizan estas celebraciones. La cena del 24 de diciembre, la Misa de Gallo y las novenas son ritos que tienen un efecto beneficioso para el niño y que además le brindan un sentido "de pertenencia" que podrá transmitir a la próxima generación. Y recuerde, si no existen tradiciones navideñas en su familia, nunca es tarde para comenzar.

Es hermoso recordarles a nuestro hijos que la Navidad es una época de dar y recibir. Ojalá podamos hacer esto en la práctica, ayudando a los más necesitados. Dentro de nuestras tradiciones anuales, podríamos incluir una visita a un hospital, a un orfelinato o a un ancianato. Es bueno que los niños vean las necesidades de los demás y que puedan sentirse lo suficientemente importantes como para darle algo a alguien.

En síntesis, la Navidad y en general las celebraciones son magníficas oportunidades para nutrir emocionalmente a nuestros hijos, darles seguridad y despertar su sensibilidad social. ¡No las desaprovechemos! Démosles a nuestros hijos un legado de amor y esperanza, celebrando de la mejor forma posible. Esto les permitirá tener lindos recuerdos de los cuales podrán echar mano cuando pasen por momentos difíciles.

A la hora de la Navidad, recuerde:

1. Ante todo, celébrela. Cualquier tipo de celebración es válida. Cada familia debe tener sus propios ritos.

2. Deje que su hijo crea en el Niño Dios o en Papá Noel hasta que lo necesite. No lo presione; ya llegará el día en que no le haga falta, pero eso depende de sus necesidades interiores.

3. Enséñele a su hijo a dar. La Navidad es una linda época para dar, ya sea regalos, momentos o promesas. Recibir sin dar no es un buen mensaje.

4. Los regalos son un símbolo de afecto. Lo importante no es el tamaño sino mostrar que pensamos en la otra persona. Enséñele a su hijo a dar regalos, ojalá hechos por él.

5. Los buenos recuerdos duran para siempre. Permítaselos usted mismo y a su familia. Estas experiencias positivas dan más fuerza que cualquier otra cosa en la vida.

Lo que quieren los jóvenes de sus padres

En la consulta, los psicólogos escuchamos todo el tiempo quejas como las siguientes: "Mis papás no me dan libertad", "Mis papás me ayudan demasiado", "Mi mamá grita, pero no pasa nada", "No quiero ser una sometida como mi mamá", "Mis papás no escuchan", "Nunca los veo", "Mis papás son aburridos", "Mis cosas les parecen bobas", etc.

Entonces, uno se pregunta, a los ojos de los jóvenes, ¿cuál es la disciplina que funciona? Diversos estudios, entre los que se encuentra uno realizado en Colorado en 1997 con la participación de trescientos estudiantes entre los 13 y los 18 años, han demostrado que la juventud pide a gritos claridad y estructura. Con base en los resultados de estos estudios, presento aquí una lista de consejos para que los padres reflexionen:

1. No deje a sus hijos ver tanta televisión; ésta lleva a los jóvenes a adoptar actitudes negativas y violentas como las que ven.

2. Enséñeles sobre Dios, a rezar y a creer en los principios religiosos básicos.

3. Sea directo y respetuoso cuando les hable sobre el sexo y la droga. Evite dar rodeos al tocar estos asuntos porque puede parecer inseguro.

4. No diga malas palabras ni fume, a menos que quiera que sus hijos también lo hagan.

5. Cuando salgan, fíjeles siempre una hora de llegada. Hágales saber de esta manera que los quiere y que por lo tanto su bienestar es primordial.

6. Juegue con sus hijos. Diviértanse juntos.

7. Nunca les diga que lo que hacen es estúpido.

8. Enséñeles que un amigo de verdad sabe entender si se le dice que *no*. Así aprenderán a escapar a la presión de las malas amistades.

9. Enséñeles a no guardar resentimientos; a enterrar el pasado.

10. Guíelos hacia un buen matrimonio, dándoles consejos y mostrándoles actitudes que les sirvan de ejemplo.

11. Siéntese con ellos y pregúnteles cosas como: ¿Qué tal el colegio? ¿Y los amigos? ¿Cómo te sientes hoy?

12. Apague el televisor y hable con ellos.

13. Alabe con frecuencia sus esfuerzos. Por ejemplo, cuando son honestos, cuando se ven bien, cuando obtienen buenas calificaciones.

14. Decir que está preocupado o interesado por sus hijos no es suficiente; demuéstreles verdadero interés.

15. Permítales crecer.

16. Independientemente de lo que hagan sus hijos, apóyelos. No tiene que estar de acuerdo con ellos, pero sí respetarlos.

17. Esté siempre ahí para sus hijos adolescentes, aun cuando ellos le digan que no lo necesitan. Cuanta más resistencia pongan, más quieren decir que buscan el afecto de sus padres.

18. Nunca los obligue a escoger entre el padre o la madre.

19. Sepa mantener el control.

20. Enséñeles que cada acción tiene una consecuencia. Cuando hagan algo bien, dígaselos; igualmente, cuando hagan algo mal.

A manera de epílogo

Carta a mis tres hijos

Quiero que sepan que ustedes fueron mis grandes maestros. Cada uno de ustedes me enseñó una lección valiosa. No hubiese podido aconsejar y ayudar a otros padres como lo he hecho sin la presencia de ustedes en mi vida. No lamento ni un momento de lo vivido con ustedes. Siempre di lo mejor de mí y esto lo sé con certeza pues el resultado ha sido inmejorable. El hecho de acompañarlos y guiarlos en todos los diferentes momentos me ha convertido en una persona más tolerante y más generosa. Lo único que sí haría diferente si me diesen la oportunidad, sería gozar más. Fue tan rápido, pero al mismo tiempo tan intenso. Traté de estar ahí siempre, a veces de manera un poco estricta, pero siempre queriéndolos con todo mi corazón.

A Diego, mi primogénito, le tocaron todas mis novatadas, pero a pesar de esto, se ha convertido en un adulto maravilloso. Diego, no sabes lo orgullosa que me siento de ti. Tu sentido de responsabilidad, tu capacidad de trabajo, tu gran corazón, tu compromiso familiar y tu sentido social son cualidades que admiro mucho. No sé por qué pero te imagino en el futuro como un excelente esposo y padre. Alberto, mi hijo de la mitad, fue un niño que desde que llegó ha llenado nuestra casa de alegría con su inconfundible sentido del humor. Albert, eres un ser especial de gran sensibilidad social. Espero puedas lograr tus sueños de ayudar a tu querida Colombia. Ya has logrado mucho... Pasaste de ser un niño travieso e inquieto que nos dio guerra en tus años escolares, a un estudiante de Derecho dedicado y sobresaliente. A Mariana, mi niña, la admiro profundamente por la manera tan valiente y estoica con la cual siempre ha enfrentado los retos que ha tenido en su vida. Mari, yo sé cómo has luchado y veo ante mis ojos cómo cada día creces y te vuelves más fuerte. Ya has conseguido mucho con tu esfuerzo y dedicación. Al salir del colegio, podrás mostrar tus múltiples talentos.

Fueron muchas las noches en vela y muchos los momentos de alegría. Hemos dejado atrás las etapas iniciales y ya todos ustedes casi vuelan por sí solos. Sé que todavía faltan etapas por cumplir y retos por enfrentar, pero lo vivido juntos ya es parte de ustedes y mía. Su papá, Oswaldo, ha sido un compañero y un complemento ideal para mí a la hora de criarlos. De él también he aprendido mucho y continúo aprendiendo, pues es y ha sido un padre que antepone la felicidad de sus hijos a cualquier cosa. Ojalá ustedes puedan cuidar toda esta felicidad y multiplicarla. Mi corazón me dice que sí lo lograrán.

Los quiero mucho,

Mami

verticales de bolsillo es un sello editorial
de Grupo Editorial Norma para América Latina
y sus filiales Belacqva y Granica para España.

© 2000, Annie de Acevedo

© 2008, de la presente edición en castellano para
América Latina, Editorial Norma S. A. para
verticales de bolsillo
Apartado Aéreo 53550, Bogotá, Colombia.
http://www.librerianorma.com

Diseño de la colección: Compañía
Diseño de cubierta: Patricia Martínez
Diagramación: Nohora E. Betancourt V.

C.C. 26000476
ISBN: 978-958-45-0850-8
Impreso por Quebecor World Bogotá S.A.

Impreso en Colombia - Printed in Colombia